D1995383

Janne Haaland Matláry

Blütezeit

Allen Geburtshelferinnen des natürlichen und geistigen Lebens gewidmet: Für ihre Geduld, Standhaftigkeit und Liebe.

Janne Haaland Matláry

Blütezeit

Feminismus im Wandel

SANKT ULRICH VERLAG
GmbH

Übersetzt und aktualisiert aus dem englischen Original
(A time to blossom) von Stephan G. Schmidt
© 2000 Arnoldo Mondadori Editore SpA
Titel der italienischen Ausgabe: Il tempo della fioritura

Die Deutsche Bibliothek – CIP-Einheitsaufnahme

Matláry, Janne Haaland:
Blütezeit : Feminismus im Wandel. Janne Haaland Matláry.
[Übers.: Stephan G. Schmidt]. - Augsburg : Sankt-Ulrich-Verl., 2001
Einheitsacht.: A time to blossom < dt. >
ISBN 3-929246-74-0

© 2001 by Sankt Ulrich Verlag GmbH, Augsburg
Alle Rechte vorbehalten
Umschlaggestaltung: UV Werbung, Mediengruppe Sankt Ulrich Verlag, Augsburg
Titelbilder: MEV
Druck und Herstellung: Ludwig Auer GmbH, Donauwörth
Printed in Germany
ISBN 3-929246-74-0

Inhalt

Vorwort

Wir erleben heute eine große Verwirrung um das Thema Mutterschaft, Vaterschaft, Familie und Emanzipation. Diejenigen, denen vor jeder Veränderung bange ist, sehnen sich nach den alten Zeiten zurück, als die Frauen kein großes Aufhebens machten und brav zu Hause blieben. Die vernünftigeren Zeitgenossen sehen dagegen ein, daß es schlichtweg ein Gebot der Gerechtigkeit und zugleich ein wunderbarer Fortschritt ist, wenn heute Frauen an allen Bereichen des Lebens und der Arbeitswelt auf gleicher Stufe mit den Männern teilnehmen können. Es kann gar keinen Zweifel daran geben: In der Vergangenheit sind Frauen unterdrückt und behindert worden.

In dieser Hinsicht befinden wir uns jetzt an einem wahrhaften Wendepunkt der Geschichte. Trotzdem stehen wir erst am Anfang eines Prozesses, der die Frauen zur vollen Teilhabe am öffentlichen Leben führt. Obwohl der Feminismus in Skandinavien schon recht alt ist, wurde beispielsweise das Wahlrecht für Frauen in Finnland erst 1906 und in Norwegen sogar erst 1913 eingeführt. Das ist nach europäischem Standard immer noch extrem früh, denn manche Staaten gaben den Frauen erst nach dem Zweiten Weltkrieg das Wahlrecht.

In Skandinavien haben Frauen schon immer eine sehr unabhängige Rolle spielen können. Ihnen oblag die Verantwortung auf den heimischen Bauernhöfen, sie hatten das Recht, Eigentum zu besitzen und zu erben. Die Männer waren als Fischer und Seeleute häufig fern von zu Hause, so daß den Frauen praktisch der gesamte Haushalt unterstand. Erst mit der Industrialisierung wurde den Frauen die passive Rolle in der privaten Sphäre der bürgerlichen Gesellschaft zugewiesen.

Die Literaturnobelpreisträgerin Sigrid Undset, deren Zitate den einzelnen Kapiteln dieses Buches voranstehen, hat schon im Jahr 1912 einige Aspekte des spezifisch nordischen Feminismus angegriffen (Einige der Aufsätze finden sich in: Sigrid Undset: Et Kvinnesynspunkt – was soviel heißt wie „Standpunkt einer Frau“, Anm. d. Üs. – Aschehoug, Oslo 1919). Es ist bemerkenswert, daß genau dieselben Fragen, die damals die Debatte zwischen ihr und den Frauenrechtlerinnen beherrschten, heute noch immer aktuell sind. Sie kreisen vor allem um das Verhältnis von Staat und Familie und um die Bedeutung der Mutterschaft und Vaterschaft bei der Gestaltung des persönlichen Lebens und der Gesellschaft.

Undset war selbst eine außerordentlich starke Frau. Sie fand, daß dem Feminismus ihrer Zeit einige ganz wichtige Gesichtspunkte fehlten und wies vor allem durch die weiblichen Figuren in ihren Romanen auf die Tatsache hin, daß starke Frauen solche Frauen sind, die ihrer spezifischen Berufung als Mütter treu sind und zugleich die Anlagen zu praktisch allem anderen in sich haben und diese auch umsetzen. Dennnoch ist der tiefste Grund allen Frau-Seins, ja des Weiblichen überhaupt, die Mutterschaft, sagt Undset. Und nur wenn sie authentisch ist, das heißt: die Tiefe ihrer Weiblichkeit verwirklicht, kann die Frau in einem existentiellen Sinne sie selbst sein. Das gilt natürlich ebenso für Männer in ihrer Rolle als Väter.

Ich verdanke Undset viele Einsichten in die tieferen Schichten des Lebens, doch auch für mein Denken über die Frauenfrage ist diese Schriftstellerin zu einer wichtigen Inspirationsquelle geworden.

Das Buch trägt [ursprünglich] den Untertitel „Anmerkungen zu einem neuen Feminismus“, und mehr will es auch gar nicht sein. Es soll Interesse und Diskussionen wecken. Ich hoffe, es wird seinen Beitrag zu einer Debatte über den Feminismus am Beginn eines neuen Jahrtausends leisten und eine Antwort darauf geben, was in dieser Hinsicht bislang richtig oder falsch gelaufen ist.

Ich habe diese Notizen über mehrere Jahre hin aufs Papier geworfen und sie oftmals mit Freunden, vor allem mit anderen Frauen, aber auch mit Männern, besprochen. Einige von ihnen hatten das Durchhaltevermögen und die Großherzigkeit, frühere Versionen des Manuskripts zu lesen und zu begutachten; ihnen sei darum von Herzen gedankt: Maria-Pia Chirinios, Barbara Gallagher, Schwester Anne Bente Hadland O.P., Aud Kvalbein, Joaquín Navarro-Valls, Covadonga O'Shea sowie Wegger und Cecilie Strømmen. Danke für die Treue und die guten Ratschläge. Bei anderen sammelte ich wertvolle direkte Erfahrungen: vor allem bei meinen Kindern und bei meinem Ehemann. Sie sind schließlich die „empirische Grundlage" dieses Buches und haben mir all die Fehlschläge gezeigt, die man einstecken muß, wenn man Mutterschaft und berufliche Arbeit zu kombinieren versucht.

Einmal kam ich von einem mehrwöchigen Auslandsaufenthalt nach Hause zurück und konnte den gewöhnlichen Kinderlärm nicht mehr ertragen. Da sagte auf einmal Sophie, unsere Jüngste, zu mir: „Du kommst einfach nach Hause und schreist hier herum?!"

Dieses Buch ist daher keine akademische Abhandlung – wie könnte es auch?

JHM

Oslo, im Oktober 1998

Diejenigen, die für die Befreiung der Frau arbeiten, kümmern sich nur um die Lage der Unverheirateten. Vom Prinzip her können Frauen heute jeden Beruf haben, den auch die Männer haben, doch die Frauenbewegung blickt allein auf die Gewinne, nicht aber auf die Verluste jener ‚Befreiung'.

Sigrid Undset,
Et Kvinnesynspunkt, Oslo 1919

Einführung

Einführung

Die Idee zu diesem Buch entstand in der Sauna. Ich weiß nicht, wie es bei Männern ist, aber Frauen unterhalten sich, wenn sie zusammen sind – auch in der Sauna bei 95 Grad. Wo einen die Hitze normalerweise zum Schweigen bringen würde, schaffen es die Frauen, das Gespräch in Gang zu halten: zum Beispiel über Gesundheit und über die Wirkungen der Sauna, über Ernährung, Arbeit, Familie und Kinder. Frauen, die einander nicht kennen, fangen in Saunas Unterhaltungen an, weil wir dort alle gleich nackt und gleich entspannt sind.

Ich glaube nicht, daß Männer es auch so machen. Ich vermute, sie sitzen schweigend da und verhalten sich Fremden gegenüber reservierter. Die Männersauna ist gleich nebenan von unserer, aber ich habe durch die Wand noch nie einen Ton gehört.

Ich selbst rede gewöhnlich nicht in der Sauna. Ich höre zu und denke nach. Einer der Gedanken, den der energische Meinungsaustausch der anderen Frauen bei mir hervorrief, war dieser: Männer und Frauen sind wirklich sehr verschieden voneinander in der Art und Weise, wie sie miteinander umgehen. Dann dachte ich, daß ich eigentlich eine ganze Menge zu diesem Thema zu sagen wüßte. Warum also sollte ich es nicht aufschreiben und dadurch eine Debatte anstoßen? Könnten meine Erfahrungen und Überlegungen nicht vielleicht von Nutzen sein?

Bei fast 100 Grad Hitze nahm das Kapitel allmählich Form an – eher verschwommen allerdings als klar. Erst viel später füllte es sich mit Inhalt.

Dies müßte eine Zeit der Blüte sein: Endlich haben wir Frauen in der Geschichte einen Punkt erreicht, wo wir genauso gebildet sind wie die Männer, wo wir uns unserer Begabungen und Fähigkeiten bewußt sind und wo wir einen wichtigen Teil zum beruflichen Alltag, zum kulturellen und politischen Leben beitragen können. In einigen, wenn auch noch lange nicht in allen Teilen der Welt haben wir die schlimmsten Arten von Diskriminierung überwunden. Und doch stehen wir erst am Anfang unserer Teilnahme an dem Leben, das über unsere private Sphäre hinausreicht – zumindest im Westen.

Dies müßte eine Zeit der Blüte sein: Wir haben eine Bildungsrevolution erlebt – und doch ist noch so viel zu tun. Es gibt nur wenige Frauen, die im öffentlichen und politischen Leben wirklich eine Rolle spielen – auch im Westen. Der Fortschritt zugunsten der Frauen ist in weiten Teilen Europas, wo es früher am schnellsten voranging, ganz zum Stillstand gekommen.

Meine eigene Frauengeneration, die auf die hartgesottenen Feministinnen der 70er Jahre folgte, wünscht sich eine andere Art von Feminismus als jene von damals. Wir wollen Lösungen für die ganz praktischen Probleme, die um das ausgeglichene Verhältnis von beruflicher Arbeit und Mutterschaft kreisen; um die Möglichkeit, gute, einfühlsame Mütter und zugleich wirklich professionell arbeitende Berufstätige zu sein; und um die Chance, die Gesellschaft durch Teilhabe am politischen Geschehen zu beeinflussen und zu verändern.

Was wir jedoch um uns herum sehen, ist alles andere als ermutigend. Die Sache der Frauen – das heißt: die Einsicht in die Notwendigkeit einer Teilhabe von Frauen an allen Bereichen des Lebens – scheint sich totgelaufen zu haben. Der alte Feminismus hat uns keine „Rollenmodelle“ für diesen Fall hinterlassen, und nur wenige seiner Vertreterinnen scheinen sich noch um die wirkliche Lage der Frauen zu kümmern.

Die Zeit der Blüte – die wirklich revolutionäre Wende in der Geschichte, zu der wir Frauen endlich unseren vollen Beitrag leisten könnten – ist offenbar ausgeblieben – trotz alldem, was wir erwarten und erhoffen durften. Selbst in den aus Sicht des Feminismus „fortschrittlichsten“ Gegenden wie etwa bei mir in Skandinavien haben Frauen immer noch die doppelte Arbeit zu leisten; sie müssen sich Diskriminierungen gefallen lassen, weil sie Mütter und weil sie Frauen sind; sie können am politischen Leben nicht teilnehmen, sofern sie Kinder haben; sie erreichen nie die einflußreichen Positionen in der Wirtschaft, es sei denn, sie machten es den Männern nach; und sie spielen generell bei Entscheidungspro-

zessen eine geringfügige Rolle. Die Begabungen und Anliegen der Frauen hinterlassen darum nach wie vor nur geringe Spuren in der Gesellschaft.
Das ist ein Fehler. Hätten die Frauen mehr Einfluß, wäre es um die Welt besser bestellt. An dieser mutigen These halte ich fest.

Dieses Buch ist aus Freude entstanden – aber auch aus Enttäuschung. Freude – weil dies wirklich eine Zeit der Blüte sein kann und auch sein müßte: eine Zeit, in der die Frauen ihre Fähigkeiten in vollstem Maße verwirklichen können. Aber auch Enttäuschung – weil den Frauen heute mehr Hindernisse im Weg stehen, als man für möglich halten sollte. Der alte Feminismus der 70er Jahre hat Gutes und Schlechtes hervorgebracht, doch er hat leider nicht immer die richtigen Fragen gestellt und auch nicht die wichtigsten Themen angesprochen.
Darum ist es Zeit für einen neuen Feminismus, der in gewisser Weise noch sehr viel radikaler sein wird. Sein Ausgangspunkt ist die Tatsache, daß die meisten Frauen Mütter sind und dies auch sein wollen; daß Frauen anders sind als Männer und andere Fähigkeiten haben als Männer; und daß jede Art von Gleichstellung, die diese Unterschiede berücksichtigt, darauf hinausläuft, daß wir nicht länger die Männer einfach nur imitieren. Dieses Buch will ein erster Schritt in Richtung eines solchen Feminismus sein.
Als ich mit dem Studium und später dann mit meinem ersten Beruf anfing, glaubte ich, die Frauen würden sich in diese Bereiche genauso gut hineinfinden wie die Männer. Es gab für mich keine Unterschiede.
Zugegebenermaßen gibt es auch keine Unterschiede, soweit es um die Professionalität im Beruf geht. Und doch bestehen gewaltige Unterschiede in der Art und Weise, wie Männer und Frauen sich benehmen oder miteinander umgehen. Das geht häufig im Unterbewußtsein vor sich. Für eine Frau ist es viel schwieriger als für Männer, in einem Beruf erfolgreich zu sein, in dem die Männer überwiegen; und noch viel schwieriger ist dies für eine Mutter als für einen Vater.
Sobald ich Kinder bekam, lernte ich, was für eine schwere Aufgabe die Erziehung ist. Sie ist körperlich anstrengend und arbeitsintensiv; was aber viel bedeutsamer ist: Sie ist der entscheidende

Weg, um die menschliche Person heranzubilden und somit letzten Endes die Gesellschaft zu prägen. Die Arbeit der Mütter ist von enormer Wichtigkeit. Und doch wird sie von der Gesellschaft und ihren Strukturen ignoriert, als ob es die Arbeit der Mütter gar nicht gäbe. Es ist eine unsichtbare Arbeit, die nur von den Müttern selbst gesehen wird, und von allen anderen Menschen nur dann, wenn sie einmal nicht getan wird. Als ich das erkannte, wurde ich wütend. Eine Familie zu haben bedeutet harte und pausenlose Arbeit: Wie konnte man diese nur so geringschätzen?

Es stimmt wahrscheinlich, daß die traditionelle Hausarbeit in unseren Tagen erheblich leichter und weniger zeitaufwendig geworden ist. Man wird jedoch auch eingestehen müssen, daß es heute sehr viel schwerer ist, Kinder zu halbwegs anständigen Menschen heranzubilden. Eine Familie zusammenzuhalten, ihren Mitgliedern etwas über Gut und Böse beizubringen, Zeit zum Zuhören zu haben und den anderen etwas von sich selbst zu geben – also all das, was immer die erste Aufgabe der Mütter war – dies ist in den Gesellschaften, in denen wir leben, außerordentlich wichtig geworden.

Gleichzeitig ist diese Art von Arbeit noch nie so mißachtet worden wie heute. So hat zum Beispiel der schwedische Ministerpräsident Göran Persson im Wahlkampf 1998 gesagt, Frauen, die nur zu Hause arbeiteten, trügen nicht zum gesellschaftlichen Wohlstand bei. Zum Glück gab es nach diesem entlarvenden Ausspruch einen Riesenaufschrei, und Persson mußte sich entschuldigen. Doch einen Tag später behauptete der Vorsitzende der norwegischen Arbeiterpartei, Thorbjørn Jagland, genau dasselbe. Auch in diesem Fall verurteilten die Frauen und die Medien dieses altsozialistische Denken.

Dennoch ist diese Einstellung gegenüber der unbezahlten Arbeit, insbesondere von Frauen im Haushalt, immer noch durchgängig anzutreffen – vor allem dort, wo es staatliche Systeme mit einer starken Familienpolitik gibt.

Der katholische Erzbischof Oscar Romero, der als Märtyrer am Altar ermordet wurde, machte einmal die schöne und wahre Feststellung: Zum Märtyrertum gehört auch das Selbstopfer der Mütter, die schwanger werden, Kinder zur Welt bringen, diese an ihrer Brust nähren und für sie sorgen – mit anderen Worten: die allmähliche und beständige Selbsthingabe für andere. Er muß dabei vor allem an die armen Frauen in seinem Land gedacht haben, die oft viele Mäuler zu sättigen haben. Seine Aussage offenbart eine tiefe Einsicht, und ich glaube, nur wenigen Männern würde so etwas einfallen.

Die alltäglichen Erfahrungen, die ich mit Millionen von Müttern auf dem ganzen Erdball teile, brachten mich zu der Erkenntnis, wie weit wir entfernt sind von jener Gleichheit, die auf die Unterschiede der Geschlechter Rücksicht nimmt. Von da an überlegte ich, wie man diese Probleme analysieren und möglicherweise lösen könnte. Jetzt müßte unser großer Moment in der Geschichte gekommen sein – davon bin ich überzeugt – aber ist er wirklich da?

Nein – sehr viel ist noch zu tun, wenn wir fähig werden sollen, sowohl Mütter als auch berufstätig und politisch aktiv zu sein. Ich bin überzeugt, daß wir Frauen auf all diesen Gebieten sehr viel beizusteuern haben und daß das Berufsleben und die Politik großen Nutzen davon hätten, wenn mehr Frauen daran teilhätten. Wie ist das zu erreichen? Wie kann aus dieser Zeit eine Zeit der Blüte werden?

Ein radikalerer Feminismus

Die Frauen stehen kurz davor, nicht nur im privaten Bereich, sondern auch in Beruf und Öffentlichkeit größeren Einfluß auszuüben. Das gilt nicht nur im Westen, sondern auch in anderen Teilen der Welt. Aber die Frauen geraten heute dadurch unter den Druck verschiedener, scheinbar unvereinbarer Ansprüche: Mutterschaft und Beruf, Mutterschaft und Politik.

Der Feminismus hat sich angewöhnt, die Mutterschaft als unwichtig anzusehen, und hat daher vor der entscheidenden Aufgabe versagt, ein intaktes Familienleben mit einer erfolgreichen Berufslaufbahn in Einklang zu bringen. Die Frauen in der Politik gehören in überwiegendem Maß nicht zu denen, die selber mit diesem „Problem“ zu tun haben.

In der Politik wie auch im Beruf haben die meisten Frauen die Rolle der Männer imitiert und dadurch jede Entwicklung spezifisch weiblicher Qualitäten und Leistungen unterbunden, die den Frauen wirklich weiterhelfen würden.

Als Mutter von vier Kindern, als Professorin für politische Wissenschaften, als Politikerin und als Frau aus einem skandinavischen Land, wo der Feminismus vielleicht auf die längste Tradition zurückblickt, habe ich viele Gedanken auf diese Fragen verwendet, da sie ein fester Bestandteil meines Lebens und meiner Alltagserfahrungen sind.

Ich kenne die unterschwelligen und indirekten Formen von Diskriminierung, denen Frauen in der Berufswelt der Männer ausgesetzt sind, und ich weiß auch, daß ich in unserer Leistungsgesellschaft noch besser sein mußte als die Männer, um so weit zu kommen wie sie.

Gleichzeitig habe ich mehr als ein Jahrzehnt lang damit zu kämpfen gehabt, Mutterschaft und Beruf miteinander in Einklang zu bringen, und ich wurde zunehmend ungehalten darüber, daß jede Schwangerschaft und jede Stillperiode als Auszeiten in der beruflichen Laufbahn angesehen werden und daß die enorme Leistung einer Mutter und deren Bedeutung für die Gesellschaft in unseren modernen westlichen Ländern nahezu total vernachlässigt werden. Diese Erfahrung teile ich mit vielen, vielen Frauen, die immer verbitterter werden angesichts ihrer Situation. Ich frage mich, wie wohl die Frauen in anderen Teilen der Welt darüber denken, wenn schon wir, die wir hier unter vergleichsweise komfortablen politischen und wirtschaftlichen Bedingungen leben, so unzufrieden sind.

Das ist ein Paradox, wenn man es vor dem Hintergrund des gewachsenen Feminismus und der Ausbreitung der Frauenbewegung betrachtet. Darum ist es höchste Zeit, daß wir Frauen anfangen, die richtigen Fragen über uns selbst, unsere Situation und unsere Ziele zu stellen. Die Männer werden normalerweise solche Überlegungen nicht in Gang setzen. Ebensowenig werden sie nach politischen oder ökonomischen Veränderungen auf diesem Feld rufen. Doch viele Männer, vor allem die Väter unter ihnen, werden diesem neuen Denken ihren Beifall nicht versagen. Je mehr sie an der Erziehung der Kinder und der Familienarbeit teilhaben, desto mehr werden sie die gegensätzlichen Druckwirkungen des Berufs- und Familienlebens zu spüren bekommen. Was aber noch wesentlicher ist: Sie werden sehen, daß zur Vaterschaft Zeit und Reife erforderlich sind, und sie werden die große Bedeutung dieser Aufgabe für die Kinder und für die Gesellschaft erkennen.

Der alte Feminismus

Der Feminismus, den wir in den 70ern und 80ern kannten, ist mehr oder minder von der Bildfläche verschwunden, wenigstens in Europa. Moderne Frauen meiner Generation bezeichnen sich nur selten als Feministinnen; sie empfinden den Ausdruck geradezu als ein altmodisches Etikett aus einer vergangenen Epoche. Die modernen Frauen beschäftigen sich mehr und mehr mit den Fragen, die sie wirklich angehen: wie man gesellschaftliche Achtung gewinnt als Mutter und als Berufstätige; wie diese beiden Lebensbereiche zu vereinbaren sind; und wie die gesellschaftlichen Voraussetzungen und Einstellungen zu verändern sind, damit so etwas auch möglich wird. Mein Buch versucht, diese Fragen zu erörtern.

Ausgangspunkt meiner Analyse ist die Tatsache, daß wir uns in einer historisch einzigartigen Situation befinden. Und es ist höchste Zeit dafür. Die heutigen Frauen – vor allem im „fortschrittlichen" Westen – nehmen in einem nie dagewesenen Ausmaß am öffentlichen und beruflichen Leben teil, doch laufen sie dabei Gefahr, all das zu unterdrücken, was für sie spezifisch ist und was ihre eigene Qualität als Frauen und Mütter ausmacht.

Gleichzeitig wird ihnen bewußt, daß sie dabei vielfach nur die männlichen Rollenmuster imitieren, statt sich als Frauen nach weiblichen Spielregeln zu verhalten. Der sogenannte Gleichheitsfeminismus der 70er Jahre hat die Frauen in einstmals männlich beherrschte Positionen vordringen lassen, und dies ist ihm hoch anzurechnen; doch zur selben Zeit haben sich die Frauen angewöhnt, Gleichheit in dem Sinn zu verstehen, daß sie es den Männern gleichtun müßten. Daher haben sie es unterlassen, gegenüber den männlichen Verhaltensweisen jene weiblichen Eigenarten zu betonen, aus denen sich die spezifischen Rechte und Voraussetzungen herleiten, die eine Verbindung von Mutterschaft und beruflicher oder politischer Arbeit erst möglich machen.

Auf die praktische Frage nach der Vereinbarkeit von Mutterschaft und beruflicher Arbeit müssen wir ebenso eine Antwort finden wie auf die Fragen, wie sich die öffentliche Anerkennung der Familienarbeit steigern läßt, wie verhaltensbedingte und strukturelle Formen der Diskriminierung gegen Frauen im Beruf und im öffentlichen Leben überwunden werden, und wie die Männer einen größeren Teil der Verantwortung als Väter übernehmen können.

Das Hauptproblem des alten Feminismus war sein Mangel an Anthropologie und die fehlende Erkenntnis des Geschlechtsunterschieds. Der Gleichheitsfeminismus versuchte, diesen Unterschied völlig zu nivellieren und brachte dadurch die Frauen dazu, die Männer nachzuahmen. Der gegenwärtige „Gender"-Feminismus stützt sich hingegen auf die ontologische Prämisse, daß „männlich" und „weiblich" nur gesellschaftliche Konstrukte seien. Das Hauptziel ist dann nicht mehr, die Freiheit zu haben, wir selbst zu sein, authentische Männer und Frauen zu sein, sondern geradezu die Bestreitung der Möglichkeit einer solchen Authenzität. Diese Theorie ist jedoch so weit entfernt von jeglicher Alltagserfahrung, daß sie hier keine weitere Erörterung verdient.
Der Gleichheitsfeminismus war der erste große Schritt. Er stellte nie die Frage, ob Männer und Frauen auch noch in anderer als nur in biologischer Hinsicht verschieden sind. Vielmehr war die Hauptstoßrichtung seines Reformprogramms die funktionale Gleichheit: Frauen können alles tun, was Männer tun – dieselbe Ausbildung, dieselben Berufe haben; sie sollten daher vorwärtsdrängen, um eines Tages hoffentlich all jene Bereiche, in denen bislang die Männer dominiert haben, zur Hälfte einzunehmen. In gleicher Weise sollten die Männer jene Felder betreten, auf denen bislang die Frauen vorherrschend waren: Säuglingspflege, Kindererziehung, Dienstleistungsjobs. Sollte dies freiwillig nicht möglich sein, könnte man Anreize bieten; wenn auch das nicht funktionieren sollte, müßte man Zwang ausüben. Privat könnten die Männer bei der Hausarbeit und der Beschäftigung mit den Kindern die Stelle der Frauen übernehmen.
In weiten Teilen ist das alles auch richtig und vernünftig. Da ich mein Leben als Erwachsene in einem vom Gleichheitsfeminismus durchdrungenen Milieu zugebracht habe, lautet meine erste Ein-

schätzung, daß vieles davon für die Frauen sehr gut gewesen ist, und daß die Männer daraus viel über Mitverantwortung in der Familie und Gleichberechtigung am Arbeitsplatz gelernt haben. Trotzdem fehlt etwas, und darüber ist noch nicht viel diskutiert worden: Das fehlende Glied ist das anthropologische Verständnis dafür, warum Männer und Frauen verschieden sind. Damit meine ich nicht sexuelle oder biologische Unterschiede, die sich ja von selbst verstehen. Vielmehr suche ich nach tieferen Einsichten in die Bedeutung des Weiblichen und Männlichen schlechthin. Das lernen wir aus Erfahrungen, zuallererst aus den Erfahrungen von Vaterschaft und Mutterschaft.

Mir wurde die Wichtigkeit dessen bewußt, weil ich selber versuchen mußte, diese Unterschiede zu verstehen. Ich war immer berufstätig gewesen, und mein Hauptinteresse galt meiner Arbeit. Als ich jedoch Mutter wurde, erkannte ich, daß gerade dies der innerste Kern des Frauseins ist. Mutterschaft war nicht einfach ein funktionales Äquivalent für Vaterschaft, sondern etwas völlig anderes. Für jemanden wie mich, der ich nie einen Gedanken, geschweige denn Interesse an Kinder verwendet hatte, war das Mutterwerden eine existentielle Revolution.

Mein Interesse an der beruflichen Arbeit, die ich immer sehr geliebt habe, wurde dadurch nicht geringer, doch ich erkannte, daß das Muttersein für mich und die Kinder sehr viel wichtiger war als jede andere Tätigkeit, wieviel Leidenschaft ich auch immer in diese hineinstecken mochte. Das heißt nicht, daß ich mich deswegen entschieden hätte, zu Hause zu bleiben (bis auf Mutterschaftsurlaube habe ich das nie getan); aber es war mir sehr wichtig herauszufinden, warum Mutterschaft im Leben einer Frau so etwas Einzigartiges ist und – ganz praktisch gesehen – wie die Frauen darauf hinwirken könnten, daß sie als Mütter sowohl in der Gesellschaft als auch in ihren Rechten respektiert würden.

Dies kommt dem Ruf nach einer radikaleren Form von Feminismus gleich. Mir scheint es absurd, daß Frauen gezwungen sein sollen, zwischen Mutterschaft und Beruf zu wählen, was in den meisten Ländern Europas nach wie vor der Fall ist, von anderen Teilen der Welt ganz zu schweigen. Ebenso absurd ist es, daß den Müttern für ihre Arbeit in der Erziehung der Kinder so wenig Achtung entgegengebracht wird.

Zu Hause zu arbeiten, solange die Kinder klein sind, ist meist eine einsame Beschäftigung: unbezahlt, unterbewertet (wenn überhaupt) und vom Staat bei der Berechnung der Rente und Krankenversicherung nicht anerkannt. Hier wird eine Leistung erbracht, die in sich selbst ungeheuer wichtig ist, aber nie zuvor so gering geschätzt worden ist wie heute.
Wirklich widersinnig aber ist es, daß die Frauen es dazu haben kommen lassen und sich kaum dagegen wehren, selbst wenn sie sehen, wie die heutige Gesellschaft von nihilistischen Tendenzen geprägt wird, die auf die Schwächung der Familien, einen Mangel an Zeit für Kinder und auf die Vernachlässigung einer harmonischen, gefestigten Gemeinschaft zurückzuführen sind.

Was tun?

Um Lenins berühmte Frage aufzugreifen: Was tun? Ich bin nicht dafür, zu den alten Zeiten zurückzukehren, in denen Frauen gar nichts anderes übrig blieb, als Hausfrauen zu sein – an ihrem mutmaßlich naturgegebenen Platz –, und in denen sie zum beruflichen und politischen Leben nicht direkt beitragen konnten. Zum Glück sind diese Zeiten endgültig vorbei, jedenfalls im Westen. Der gleichberechtigte Zugang der Frauen zu allen Arten der Ausbildung hat eine Revolution bewirkt. Endlich ist es uns möglich, an allen Sphären des Lebens teilzunehmen, nicht nur im häuslichen Bereich.
Wir erleben eine historisch neuartige Situation, und doch haben wir noch einen langen Weg vor uns: Frauen sind immer noch unterbezahlt, werden am Arbeitsplatz diskriminiert und vom politischen Leben ferngehalten. Führungspersönlichkeiten, die auf all diesen Feldern nachhaltig etwas bewirken könnten, sind weiterhin rar.
Ich bin aber ebensowenig für ein geistloses Nachahmen der Männer im öffentlichen oder politischen Leben, was die Frauen meines Erachtens viel zu lange versucht haben. Wir haben stillschweigend akzeptiert, daß unsere Aufgaben als Mütter im Hintergrund und im Privaten zu erfüllen sind und daß sie auf unsere Arbeit in anderen Bereichen keine Auswirkung haben. Wir

haben nicht danach gerufen, daß die beruflichen Arbeitsbedingungen unseren Aufgaben als Mütter angepaßt werden, sondern wir haben großen Wert darauf gelegt, unseren Arbeitgebern sagen zu können, daß unsere Kinder überhaupt kein Problem seien.
Dies geschah nicht aus Dummheit, sondern weil wir uns nicht darüber im klaren waren, warum Mutterschaft für uns so wesentlich ist, und weil sich unter den führenden Feministinnen nur ein paar überhaupt mit diesem Thema beschäftigt haben. Was das Berufsleben betrifft, haben wir auch deswegen so wenig Ansprüche gestellt, weil es uns an Einfluß und an Mut gefehlt hat.
Nur wenige Frauen haben sich öffentlich über die Bedeutung der häuslichen Arbeit geäußert, die ja hauptsächlich im Erziehen der Kinder besteht; und warum diese Arbeit einen ganz anderen Stellenwert hat als ein Beruf. Wir stehen zur Zeit vor einer ungeheuren Mißachtung der Mutterrolle und der Bedeutung jener Frauen, die zu Hause für die Familie und die Kinder arbeiten. In der westlichen Öffentlichkeit behandelt man sie mit Herablassung – jedenfalls wenn man die politisch-ökonomischen Bedingungen als repräsentativen Indikator betrachten will. Wenn überhaupt, so sprechen nur wenige Frauen im öffentlichen Leben von der Bedeutung der Hausfrauen, und die wenigen, die es tun, werden als altmodisch und bestenfalls als kleinbürgerlich hingestellt; im schlimmsten Fall unterstellt man ihnen sogar, sie wollten den Frauen ihren rechtmäßigen Platz in Gesellschaft und Beruf streitig machen und sie zurückzwingen zu Küche und Herd.
Indessen wächst auch unter Männern die Einsicht, daß sie sich stärker an der Kindererziehung beteiligen müssen, und daß eine verantwortungsvolle Vaterschaft sie auch zu erfüllteren Menschen macht. Auch das ist eine Revolution.
Die Frauen müssen ihren ganz natürlichen Sinn für die Bedeutung der Mutterschaft zurückgewinnen, um sowohl im Beruf wie in Politik und Gesellschaft zufriedener und wirkungsvoller zu sein. Meine These – die keineswegs originell ist – lautet: Die Frauen müssen die Bedeutung des Mutterseins sowohl für ihr eigenes Leben als auch für die Gesellschaft herausstellen und an die anderen Lebensbereiche solche Anforderungen formulieren, daß es möglich und miteinander vereinbar wird, Mutter und zugleich berufstätig zu sein. Dasselbe muß für die Väter gelten.

In erster Linie geht es mir allerdings nicht um die praktischen Fragen, sondern vielmehr um den anthropologischen Ansatz: Ohne ein Verständnis dafür, wie tiefgreifend das Weibliche sowohl körperlich als auch geistig durch das Muttersein definiert ist, und ohne daß sie diesem Verständnis Ausdruck geben und entsprechende Anerkennung fordern, werden die Frauen immer unzufrieden bleiben. Zum Muttersein gehört viel mehr als die körperlich überwältigende und zugleich kraftspendende Erfahrung der Geburt oder der Kinderpflege; es ist der Schlüssel zu einem existentiellen Verständnis dessen, was wir sind. Ebenso gipfelt das Mannsein in der Vaterschaft, so daß es in der Tat eine natürliche Ergänzung der beiden Geschlechter gibt – was allerdings nicht heißt, daß deswegen die Geschlechterrollen von der Natur vorgegeben wären.

Skandinavische Erfahrungen

Da ich mit dem Gleichheitsfeminismus und in einem Milieu, in dem dieser die bestimmende gesellschaftliche Kraft seit Beginn des 20. Jahrhunderts ist, großgeworden bin, sehe ich gleichermaßen dessen Stärken und Schwächen. Unter Stärken verstehe ich besonders die Selbstverständlichkeit, mit der Frauen bei uns in den meisten Lebensbereichen als völlig gleichberechtigt behandelt werden.

Trotzdem werden Frauen noch immer von Führungspositionen in der Wirtschaft weitgehend ausgeschlossen, und Frauen, die zu Hause arbeiten, werden zum großen Teil gar nicht zur Kenntnis genommen, weil sie in den Augen der Feministinnen unbedeutend sind. Sie sind gewissermaßen rechtlos und ohne jede politische oder soziale Unterstützung. Diese Erfahrungen in Skandinavien – das wirklich das Pilotprojekt des Feminismus ist – bilden meinen Ausgangspunkt.

Da ich in einer derartig egalitären Tradition aufgewachsen bin, ist es für mich inakzeptabel, wenn ich nicht in gleicher Weise wie Männer behandelt werde, und ich werde sehr ungehalten, wenn ich diskriminierende Einstellungen jeglicher Art antreffe. Solche Einstellungen gibt es zuhauf, wo immer Männer und Frauen in einem echten Wettstreit um attraktive Positionen stehen.

Gleichzeitig hat die skandinavische Entwicklung möglicherweise die Unterschiede zwischen den Geschlechtern vernachlässigt, indem sie hauptsächlich eine Gleichheit schuf, die die männliche Rolle imitiert. Zweifellos kann ich heute Tiefseetaucher oder Armeeoffizierin werden. Doch das ist nicht die erste Wahl der meisten Frauen – wenngleich es eine großartige Möglichkeit ist für jene, die es schaffen; wenn es das Richtige für sie ist. Der Punkt ist, daß jene, die sich für so etwas entscheiden, Ausnahmen sind – die große Masse der Frauen will etwas anderes.
Denn worum es eigentlich geht, ist das: Die wirkliche Radikalität der Emanzipation besteht in der Freiheit der Frauen, ganz sie selbst zu sein – und zwar zu ihren eigenen, weiblichen Bedingungen. Ich erwarte von meinen männlichen Kollegen, daß sie mich als Mutter respektieren. Ich will als die Frau angesehen werden, die ich bin, nicht als eine Person, die so sein sollte wie sie. Ich möchte, daß meine weiblichen Werte und Qualitäten im Geschäftsleben und in der Politik genauso anerkannt und geschätzt werden wie die männlichen. Heute sind wir davon noch weit entfernt.
Viele Männer legen Lippenbekenntnisse für die weiblichen Werte im Berufsleben ab, aber ich kenne nur wenige, die diese Werte wirklich mit dem männlichen Wettkampfgeist auf einer Ebene zusammenführen. Kommt es zum eigentlichen Machtkampf, zeigt sich, daß sich nicht viel geändert hat.
Während meiner Berufsjahre habe ich viel über dieses Thema mit Frauen gesprochen. Meistens hört sich das dann so an: Sie verlassen die Universität mit guten oder sogar besseren Abschlüssen als die Männer, sie bewerben sich um eine Stelle, und sobald sie einen Beruf haben, glauben sie, die Gleichberechtigung sei erreicht. Dann entdecken sie nach und nach die Netzwerke der Männer und merken, daß sie davon ausgeschlossen sind. Sie sind einfach zu wenige, um selber solche mächtigen Netzwerke aufzubauen.
Sie bekommen Kinder und sind den gegenläufigen Zwängen von Elternschaft und Berufsleben wesentlich stärker ausgesetzt als ihre Ehemänner, die noch immer das Vorrecht genießen, die berufliche Arbeit von den familiären Pflichten trennen zu dürfen. Die Frauen geraten beruflich in Rückstand wegen der Kinder und erreichen somit, jedenfalls im Wirtschaftsleben, selten die Top-

Positionen. Die, die doch dahin kommen, sind meist Singles und müssen höllisch kämpfen, um so weit zu kommen. Sie wissen sehr wohl, daß sie im wirklichen Wettbewerb gegen die Netzwerke und Kameradschaften der Männer ankommen müssen. Darum werden sie hart und ahmen die Verhaltensweisen der Männer nach; an den Zuständen ändern sie damit nicht allzuviel. Sie müssen beweisen, daß sie in demselben Job mehr als die Männer leisten können, damit sie überhaupt mit den Männern mithalten können.

Das bedeutet: Frauen, die die natürlichen, weiblichen Eigenschaften wie Kooperation und herzlicheren Umgang praktizieren, schaffen es nie bis an die Spitze. Um dorthin zu gelangen, müssen wir nach meiner Überzeugung immer noch männliche Härte und Aggressivität imitieren. Oder anders gesagt: Wir müssen die Männer nachahmen, um zu den wirklich wichtigen Positionen in der Gesellschaft aufzusteigen. Dies wird sich ändern, aber nur langsam. Erst wenn es eine „kritische Anzahl" von Frauen in Führungspositionen der Politik und der Wirtschaft gibt, wird es möglich sein, sich zu entspannen und die Weiblichkeit in den Vordergrund treten zu lassen.

Frauen, die auch Mütter sind, erleben darüber hinaus, daß es nur wenig Raum gibt, um Mutterschaft und Karriere zu verbinden. Für die Väter ist es immer noch anders, obwohl auch sie mehr und mehr Verantwortung für ihre Kinder zu übernehmen haben. Doch der Hauptpunkt hierbei ist: Erst durch Mutterschaft bzw. Vaterschaft entfalten wir die Fülle unserer Persönlichkeit, werden wir menschlicher und immer mehr das, was wir als Männer und Frauen sein sollen.

Doch wenn diese Eigenschaften nicht in der Politik und im Berufsleben aufblühen können – um dort wirklich Spuren zu hinterlassen –, dann werden wir in diesen Bereichen immer nur weiter die alten männlichen Verhaltensmuster von Wettkampf und Aggression fortsetzen.

Die erste Phase des skandinavischen Feminismus in den 70er Jahren hat den Bereich der Familie und der Elternschaft aus weitgehend ideologischen Gründen ausgeklammert. Aus Sicht der meisten Feministinnen war gerade die Familie das Haupthindernis zur Emanzipation: daß Frauen dort in der „Falle" der Mutterrolle „gefangen" waren. Doch indem sie die Familie über Bord warfen, gaben sie auch die wichtigste Lebenssphäre nicht nur für die Frauen, sondern auch für die Männer auf. Diese Art von Feminismus betonte folglich nur die Rolle der Frau im Erwerbsleben mit dem Argument, in der bezahlten Arbeit liege der Schlüssel für die Erfüllung der Frauen.

Das Ziel bestand seither darin, alle Bereiche der Arbeitswelt auf derselben Ebene wie die Männer zu durchdringen. Dies war und ist noch immer von großer Wichtigkeit, weil die Frauen in dieser Hinsicht weiterhin von der Gleichstellung entfernt sind und weil wir als Frauen diskriminiert werden, besonders wenn wir in die Spitzenpositionen drängen. Doch die Vernachlässigung der Familie und besonders der Mutterschaft im alten Feminismus hat zu einer Nachahmung der Männer und einer Verleugnung der weiblichen Eigenschaften geführt, die in meinen Augen aufs engste mit dem Muttersein verknüpft sind. Diese Aussage hört sich wie ein reaktionäres Stereotyp über die Geschlechterrollen an, doch ich werde versuchen zu zeigen, daß dies ganz und gar nicht der Fall ist.

Dieses Buch stützt sich auf die skandinavischen Erfahrungen mit dem Feminismus und versucht, diese weiterzuentwickeln mit Blick auf die Verbindung von Mutterschaft und Weiblichkeit, Familie und Beruf. Das Hauptargument ist, daß die Geschlechter grundsätzlich verschieden sind und daß die Frauen niemals wirklich frei sein werden, solange sie nicht ihrer weiblichen Natur treu sind – und daß sie erst auf gleicher Ebene mit den Männern stehen werden, wenn ihre weiblichen Wesenseigenschaften im Berufsleben und in der Politik so beherrschend sind wie heute die männlichen.

Als Frau muß ich die Möglichkeit haben, ich selbst zu sein in jedem Beruf, für den ich qualifiziert bin. Ich sollte nicht gezwungen sein, zwischen Mutterschaft und Karriere zu wählen; im Gegenteil: Gerade weil ich Mutter bin, müßte ich für Beruf und Politik noch wertvoller sein. Es darf nicht sein, daß ich wie ein Mann sein muß, um einen bestimmten Beruf zu bekommen, oder daß ich die Tatsache verleugnen muß, daß ich Mutter bin. Meine weiblichen Eigenschaften machen mich stark, während mich das Nachahmen der Männer schwach macht, da ich dann nicht ich selbst bin.

In diesem Buch lege ich einige Überlegungen zu diesem Thema

vor, die zum großen Teil aus meinen Erfahrungen und denen von anderen Frauen hervorgegangen sind. Im ersten Kapitel wende ich mich der Aufgabe zu, die Elemente eines neuen Feminismus zu entwickeln. Der Hauptpunkt ist hier die Analyse, inwieweit Frauen anders sind als Männer, und was diese Unterschiede an Konsequenzen nach sich ziehen in bezug auf Rechte und Politik. Ich beginne mit der Vorstellung einer Anthropologie – einer Sicht des Menschen und besonders der Frauen, die ich radikalrealistisch nennen möchte. Ich behaupte, daß Mutterschaft sowohl in existentieller als auch in praktischer Hinsicht weitaus bedeutender ist, als der alte Feminismus zugesteht. Dies muß seine Konsequenzen für die Rechte der Frauen im Berufsleben sowie auch in der Politik haben. Ich stelle die Frage, worin das wirkliche Leben einer Frau in Familie, Beruf und Politik besteht, wenn doch die Mutterschaft die erste Stelle einnimmt. In den darauf folgenden Kapiteln will ich dies weiter analysieren.
Wie stellt sich Frauenpolitik heutzutage dar? Wie werden die Herausforderungen, die sich aus dem ersten Kapitel ergeben, in der Welt der internationalen Politik umgesetzt? Ich habe im September 1995 für den Heiligen Stuhl an den Verhandlungen der vierten UN-Weltfrauenkonferenz in Peking teilgenommen in der Hoffnung, wirkliche Fortschritte für die Frauen sehen zu können. Doch ich entdeckte, daß auch die internationale Frauenpolitik allzusehr vom alten Feminismus geprägt ist.
Die Erfahrungen in Peking waren in gewisser Hinsicht negativ. Nicht nur wurden Mutterschaft und die daraus folgenden Erfordernisse in den Gesprächen vernachlässigt, sondern sogar in mißbilligender Weise dargestellt. Es gab eine versteckte, aber dennoch erkennbare Tagesordnung, gefördert durch die westlichen Staaten, welche den Entwicklungsländern die westlichen Ansichten des alten Feminismus aufzwingen wollte. In dieser Konferenz haben die Frauen wenig erreicht im Hinblick darauf, wie Beruf und Mutterschaft miteinander vereinbart werden können; das dahinterstehende Menschenbild war darüber hinaus extrem materialistisch. Diskussionen über Ethik, moralische oder geistige Fragen sowie über die Bedeutung der Eltern für die Weitergabe von Werten wurden verweigert. Die Familie wurde mitunter sogar als eine unterdrückerische Einrichtung hingestellt und Mutter-

schaft als ein Hindernis für das Vorankommen der Frauen. Die meisten Staaten waren gegen diese Auffassungen, doch einige führende Staaten, darunter die EU-Länder, sprachen sich dafür aus.
Im dritten Kapitel untersuche ich, warum und in welcher Weise Elternschaft und insbesondere Mutterschaft so wichtig sind und welche Rechte sich daraus ableiten sollten. Was ist falsch an der Art, wie mit Mutterschaft umgegangen wird, und was sollten Mütter vom Staat, vom Arbeitgeber und von der Gesellschaft verlangen? Warum ist die Mutterschaft der Eckstein jeder Analyse von Frauenproblemen heutzutage, und warum ist sie der Kernpunkt des neuen Feminismus?
Wie sehen die politischen und wirtschaftlichen Bedingungen für Mutterschaft in der westlichen Welt heute aus? Darauf richte ich in Kapitel IV meinen Blick. In Europa haben die Frauen weniger Kinder als jemals zuvor. Die Geburtenraten lagen nie zuvor niedriger; die Bevölkerungszahlen können so in keinem Land beibehalten werden. Die Auswirkungen dessen sind schwerwiegend: die starke Zunahme älterer Menschen erfordert größere Ressourcen, da eine kleiner werdende Zahl von arbeitenden Menschen für sie aufkommen muß. Dieser „demographische Winter" rührt zum Teil daher, daß es so wenig Anreize gibt, eine Familie von normaler Größe zu gründen, und auch daher, daß die Frauen selbst – zumindest diejenigen in einflußreichen Positionen – so wenig Gewicht darauf legen.
Im fünften Kapitel wende ich mich dem Bereich der bezahlten Arbeit zu. Welches sind die Bedingungen für berufstätige Frauen, insbesondere für Mütter in Europa heute? Werden sie diskriminiert, weil sie Kinder haben? Interveniert der Staat, um die Rechte der berufstätigen Mütter zu sichern? Haben die Frauen die Möglichkeit, zwischen Vollzeit- und Teilzeitarbeit zu Hause zu wählen? Werden Väter ähnlich diskriminiert wie Mütter? Trifft es noch immer zu, daß Frauen zwischen Mutterschaft und Karriere wählen müssen?
Die meisten europäischen Staaten hinken bei der Gesetzgebung für berufstätige Mütter sehr weit hinterher. De facto machen sie es unmöglich, Mutterschaft und Karriere zusammenzubringen, es sei denn die Betroffenen sind wohlhabend oder haben das Glück anderer außergewöhnlicher Begleitumstände. Hier ist der Schlüssel-

bereich, auf dem die Frauen für Veränderungen kämpfen müssen; hier liegt zweifellos die wichtigste Herausforderung des neuen Feminismus.

In den Kapiteln VI und VII geht es um Frauen als Dienerinnen, aber auch Herrinnen des Lebens selbst. Das Paradox des alten Feminismus besteht darin, daß zwar Befreiung gepredigt, aber Mutterschaft und echtes Frausein verneint wurden. Die Abtreibungsgesetzgebung und die Erfindung eines „Rechts“ auf Abtreibung haben uns aber nicht freier gemacht. Ich frage mich, wie man das als ein Recht vertreten kann und wessen Freiheit man damit in Wirklichkeit fördert.

Heute sprechen immer mehr Frauen über ihre Abtreibungen als die schwersten Fehler ihres Lebens, die sie für den Rest ihres Lebens heimsuchen, und über die große Trauer um das unbekannte, verlorene Kind. Trotzdem feiern die Frauen in Machtpositionen weiterhin das „Recht“ auf Abtreibung. In den beiden Kapiteln stelle ich die These auf, daß nur eine veränderte Sicht der Sexualität und, damit verbunden, ein neues Menschenbild den Frauen ihre wahre Stärke wiedergeben kann, auf der alles wirkliche Glück beruht.

Im letzten, dem achten Kapitel betone ich die dringende Notwendigkeit der Teilhabe von Frauen an der Politik und an der Macht im öffentlichen Leben. Noch immer herrschen hier die Männer vor, während Frauen, die zugleich Mütter sind, ungeheure Hindernisse vor sich haben, wenn sie politisch aktiv sein wollen. Die entscheidende Frage lautet: Politik wozu? Es ist wenig sinnvoll, wenn Frauen einfach nur die Männer als Politiker ersetzen. Es geht vielmehr darum, ob Frauen etwas Spezifisches in die politische Sphäre einbringen können. Spielt der Unterschied zwischen den Geschlechtern irgendeine Rolle für die Politik?

Nach empirischen Erfahrungen aus der Gegenwart zu urteilen, ist nicht anzunehmen, daß Frauen bessere oder menschlichere Qualitäten haben als Männer. Aber das könnte daran liegen, daß die wenigen Frauen in Machtpositionen unfrei und zu weiten Teilen von den Machtstrukturen des jeweiligen Systems geprägt sind. Die erste Frage ist darum: Was können die Frauen hierzu beitragen? Die zweite: Wie können sie die strukturellen Barrieren überwinden, um wirklich etwas zu verändern?

Kapitel I

Den Frauen gleiche Rechte – das heißt auch: gleiche Pflichten – zu geben wie den Männern, bedeutet für sie eine zusätzliche Bürde und nicht Gleichheit. Das Wohlergehen der Kinder setzt voraus, daß jemand sich zu jeder Zeit, Tag und Nacht, um die Kleinen kümmert, die heranwachsen.

Sigrid Undset,
Et Kvinnesynspunkt, Oslo 1919

Gleich und doch anders

Gleich und doch anders
– ein Programm für die Frauen

„Fährst du jetzt wieder weg?" fragte mich mein jüngster Sohn Francis. „Ja", sagte ich, „aber es ist nur eine kurze Reise – nach Genf." Er protestierte: „Die anderen Kinder haben Mamas, die zu Hause bleiben. Nur die Papas verreisen. Ich will, daß du das auch so machst." Ich versuchte, ihm zu erklären, daß es keinen Unterschied gebe zwischen Vätern und Müttern, die verreisen, doch er ließ das nicht gelten. „Mamas sind anders", sagte er. „Die Papas dürfen verreisen."

Wir haben die Sache nie weiter aufgeklärt, aber es bleibt eine Tatsache, daß es für Kinder einfacher ist, wenn der Vater abwesend ist, als wenn die Mutter verreist. Dies vermehrt natürlich noch meine Schuldgefühle, da ich sehr viel reise. Darum geht es hier jedoch nicht, sondern vielmehr darum, daß Mütter für ihre Kinder, vor allem solange diese klein sind, verschiedene Funktionen erfüllen. Wahrscheinlich stimmt es, daß Kinder ihre Mütter um sich brauchen, wenn sie klein sind, oder daß sie sie zumindest bei sich haben, wenn sie abends zu Bett gehen. Wir sollten uns jedoch nicht darüber streiten, wer für das Kind wichtiger ist – beide Eltern sind wichtig; wir sollten lieber so ehrlich sein, die Unterschiede zwischen Müttern und Vätern einzugestehen.

In vielerlei Hinsicht sind die Frauen das stärkere Geschlecht. Sie haben eine höhere Lebenserwartung, halten körperliche Schmerzen – beispielsweise bei der Geburt – besser aus als Männer und scheinen in der Lage, neben der Kindererziehung noch eine ganze Menge anderer Dinge im Haushalt gleichzeitig zu erledigen. Männer haben andere Stärken. Neuere Forschungen über die Geschlechter bestätigen diese Unterschiede, wie sehr dies auch für politisch unkorrekt gelten mag. Frauen sind nun mal keine Männer und sollten auch nicht so sein. Männlichkeit und Weiblichkeit sind verschieden, ergänzen einander jedoch. Aus diesem Grund braucht es viel mehr weibliche Teilhabe an der politischen Sphäre.

Die natürlichen Unterschiede zwischen den Geschlechtern kennen wir alle aus eigener Erfahrung, aber auch aus der Überlieferung sowie zunehmend aus der modernen biologischen und neurologischen Wissenschaft. Vor einiger Zeit hat Francis Fukuyama in einem Essay bemerkt: „Während einige Geschlechterrollen tatsächlich sozial bedingt sind, glauben praktisch alle angesehenen Evolutionsbiologen heute, daß es tiefe Unterschiede zwischen den Geschlechtern gibt, die ihre Wurzeln in der Genetik statt in der Kultur haben, und daß diese Unterschiede sich über das Körperliche hinaus auch auf den Geist erstrecken.“ [1]

Wir haben heute wissenschaftliche Belege für diese Unterschiede: daß Frauen im allgemeinen weniger aggressiv und weniger auf Konflikte aus sind als Männer; daß sie nach Kooperation und einvernehmlichen Problemlösungen streben usw. Gleichwohl gibt es viele Ausnahmen von diesen Regeln. Der Hauptpunkt ist aber, daß die Wissenschaft bestätigt, was Erfahrung und Überlieferung uns lehren. Allzulange haben wir hören müssen, daß alle Geschlechterrollen nur gesellschaftliche Konstrukte und somit allein durch unsere jeweilige Sozialisation bedingt seien. Die Folge dieser radikal nominalistischen Position ist, daß es nichts gibt, was man an und für sich als weiblich oder männlich bezeichnen kann, auch keine Mutterschaft oder Vaterschaft. Diese Auffassung widerspricht allem, was wir aus Erfahrung wissen; trotzdem hat sie in den letzten Jahren großen Einfluß auf die Politik und die Universitäten ausgeübt.

Unsere alltägliche Erfahrung darf man dennoch nicht unterschlagen: Wir alle wissen, wie Männer und Frauen sich in Gruppen des jeweils gleichen Geschlechts verhalten, doch der Feminismus der 70er Jahre schien selbst diese Unterschiede ignorieren oder leugnen zu wollen. Doch nun sind unsere Erfahrungen bestätigt worden: Gruppen, in denen Frauen vorherrschen, sind anders als solche, in denen Männer dominieren. Frauen könnten auf verborgeneren Wegen ihren Willen durchsetzen; Männer gehen mit mehr Härte und Aggressivität zu Werke, während Frauen mehr auf Ko-

operation und Konsens aus sind. Ich behaupte nicht, daß alles in Ordnung ist, sobald nur Frauen die Vorherrschaft haben, doch ich glaube, daß eine gesunde Mischung beider Geschlechter beispielsweise am Arbeitsplatz auch ein besseres Klima schafft. In den meisten Bereichen des Erwerbslebens und der Politik haben Männer das Sagen, besonders dort, wo die Macht ist. Gerade dort sollten die Frauen ihre Zahl und ihren Einfluß in hohem Maße steigern.
Damit soll nicht bestritten werden, daß es nicht auch anerzogene Geschlechterrollen gibt. Wir sehen schließlich alle, wie sich die traditionelle Männerrolle verändert, wenn die Väter heute mehr in die Aufgabe der Kindererziehung hineingezogen werden, und umgekehrt, wie Frauen sich aus ihrer passiven Rolle in der Öffentlichkeit zu starken Politikerinnen und vernehmbaren Fürsprecherinnen aller Arten von Anliegen entwickelt haben. Daher müssen wir genau darauf achten, daß wir die feinen Unterschiede dort festmachen, wo sie hingehören. Die Geschlechter sind zwar sehr verschieden; aber die Sozialisation auf eine bestimmte Geschlechterrolle hin ist nach wie vor stark, und dem muß entgegengewirkt werden.
Heute geht es nicht in erster Linie darum, die Unterschiede zu beweisen, sondern im Mittelpunkt steht die Tatsache, daß das Berufsleben sowie die politische Öffentlichkeit eine „Feminisierung" braucht, das heißt: ein Wirksamwerden all jener oben angeführten femininen Eigenschaften, die in diesen beiden Sphären wirklich unterrepräsentiert sind. Es geht dabei auch um weibliche Fähigkeiten, die zu wenig abgefragt oder einfach nur für selbstverständlich gehalten werden. Kindererziehung, Haushaltsführung und die ganzen praktischen und ökonomischen Anforderungen einer Familie setzen wesentliche Fähigkeiten voraus, über die Männer für gewöhnlich in weitaus geringerem Maße verfügen als Frauen. Diese Fähigkeiten sind auch für den Berufsalltag wichtig. Man bedenke nur, daß das griechische Wort *oikonomía* (Wirtschaft) im ursprünglichen Sinn „Haushalt" bedeutet.
Trotzdem haben Frauen nur selten eine signifikante Rolle im beruflichen und öffentlichen Leben spielen dürfen. Es gab und gibt Ausnahmen – aber es sind eben Ausnahmen. Warum ist der Rückstand zu den Männern immer noch so groß? In unserem Teil der Welt, wo wir uns so viel darauf zugute halten, daß wir in all

diesen Dingen schon so fortschrittlich sind, gehören Frauen, die Mutterschaft und Beruf in wirklich einträchtiger Weise miteinander vereinbaren, immer noch zu den Ausnahmen. Es gibt zu viele Widerstände.
Ein Beispiel: Bei einer der letzten Parlamentswahlen in Norwegen verließ eine gute Freundin, die Abgeordnete gewesen war, die Politik für immer. Sie hatte zwei Kinder. „Auf lange Sicht war es wirklich zu schrecklich", erklärte sie: „Die Sitzungen bis spät in die Nacht, die Reisen, der Medienrummel die ganze Zeit. Die politische Arbeit hätte ich wohl bewältigt, aber die Art und Weise, wie sie organisiert ist, macht es unmöglich, zugleich auch Mutter zu sein." Eine andere Freundin ist Parteivorsitzende und war zeitweise Familienministerin. Auch sie hat zwei Kinder. Sie kennt die gegensätzlichen Zwänge, macht aber vorerst weiter: „Die wichtigste Aufgabe ist es, eine bessere Familienpolitik durchzusetzen, doch die Männer allein werden das in der politischen Arena nicht machen."
Sie hat recht. Alle Frauenthemen rund um Kindererziehung, flexible Arbeitsbedingungen, Mutterschaftsurlaub – die ja immer auch die Männer angehen – sind von Frauen vorangebracht worden. Kaum überraschend, aber bedenkenswert. Untersuchungen in den politischen Programmen Norwegens haben gezeigt, daß sich mit zunehmendem Einfluß der Frauen die Tagesordnungen den alltäglicheren Fragen zuwenden, wie etwa sozialen oder familiären Problemen. Das ist in der Tat auffallend.
Heute bin ich selbst Politikerin, und die Arbeitszeiten erstrecken sich oftmals bis in den späten Abend hinein. Meine Arbeit ist wichtig, davon bin ich überzeugt. Ich arbeite auf einem männlich dominierten Feld, doch mein Sohn Francis sagt: „Du solltest den Beruf wechseln." Es kostet einfach zu viel Zeit.
Was also brauchen die Frauen, damit diese Zeit eine Zeit der Blüte wird? Wie sollte unser Programm für das neue Millennium aussehen? Gibt es irgendwelche Rezepte, wie der Stellenwert der Mutterschaft verbessert werden kann, und wie Mütter zugleich im Berufsleben und in der politischen Öffentlichkeit wirken können? Wie gesagt: Die Veränderungen passieren nicht von alleine. Unabdingbar dafür sind Frauen in der Politik und im wirtschaftlichen Leben. Aber können wir trotzdem auch in diesen Bereichen als Frauen wir selbst sein?

Ich will mit der Frage nach dem „guten Leben" für eine Frau beginnen. Die Frage nach dem „guten Leben", dem summum bonum, beschäftigt die politische Philosophie seit den Anfängen. Sie soll das zentrale Anliegen aller Staatsmänner sein, und Philosophen von Aristoteles über Thomas von Aquin bis hin zu Kant haben darüber nachgedacht. Sie diskutierten, wie das gute Leben einer Gesellschaft auszusehen habe, doch pflegten sie dies nicht zu trennen von dem guten Leben des einzelnen Menschen. Mit anderen Worten: Das jeweilige Menschenbild bestimmt unmittelbar auch das Bild des guten Lebens in einer Gesellschaft sowie Aufgaben und Wesen der Politik.

Was ist „gutes Leben"?

Das „gute Leben" einer Frau in der modernen westlichen Gesellschaft berührt drei Sphären: Familie, beruflicher Alltag, Politik. Darüber hinaus ist es auf zwei Ebenen angesiedelt: die erste Ebene ist eher praktischer Art, die andere geistig tieferreichend.
Auf der praktischen Ebene müssen wir uns fragen, wie die Frauen der doppelten oder dreifachen Belastung entkommen können, daß sie im Beruf außerhalb des Haushalts zu den Bedingungen der Männer arbeiten müssen und durch die Arbeit zu Hause und draußen dermaßen ausgelaugt werden, daß für ein Engagement in der öffentlichen Sphäre keine Energie mehr bleibt.
Die andere Ebene ist die existentielle: Hier geht es darum, wie wir wirklich wir selbst sein können als Frauen und Menschen. Darin eingeschlossen ist nach meiner Auffassung, daß viele Frauen im Westen heute ihrer Weiblichkeit nicht mehr sicher sind, weil sie meinen, nur durch Nachahmung der Männer könnten sie wirklich Macht und Freiheit gewinnen. Dies hat zu sehr negativen Erfahrungen für die Frauen geführt: Sie sind in einem existentiellen Sinne sich selbst entfremdet, oder vielmehr: die gegenwärtige menschliche Situation ist eine der Uneigentlichkeit, um einen Begriff des deutschen Philosophen Heidegger zu benutzen – was einen Aspekt des Unwirklichen einschließt, das heißt: Wir finden nicht unser wahres Selbst. Wir sind nicht wir selbst und darum unglücklich.

Stark sind wir dann, wenn wir wir selbst sind – als Frauen ebenso wie als Männer. Der Adel, der darin liegt, von sich selbst etwas abzugeben, weniger um sich selbst zu kreisen, wird vielleicht am ehesten erreicht, sobald wir Eltern sind, denn Kinder verlangen nun mal danach, an erster Stelle zu stehen und versorgt zu sein. Darum lege ich so viel Gewicht auf die existentiellen und ontologischen Aspekte der Elternschaft. Sie ist die beste Chance für den modernen Menschen, weniger egoistisch und weniger narzißtisch zu werden. Es ist immer eine große Freude zu beobachten, wie aus harten Jungs fürsorgliche Väter werden.

Das „gute Leben" für die Frauen besteht darum aus zwei Elementen: Lösungen für die Probleme, die aus der rein praktischen und gesellschaftlichen Abstimmung zwischen Familie und Beruf herrühren, sowie eine tiefgreifende Überprüfung dessen, was es heute heißt, eine Frau zu sein.

Das Geschlecht ist nichts Oberflächliches, es ist etwas Wesenhaftes, kein gesellschaftliches Konstrukt. Wenn wir die Wichtigkeit des Geschlechts verleugnen, verleugnen wir uns selbst als Menschen. Männer und Frauen sind von Natur aus fundamental verschieden und doch als Personen gleich in ihrer Würde und ihren Menschenrechten.

Daher werde ich mich nun den drei Sphären im Leben der Frau zuwenden, um die Frage nach dem „guten Leben" zu beantworten: Familie, Erwerbsarbeit und die politische Öffentlichkeit. Dabei will ich die Herausforderungen herausarbeiten, denen sich Frauen im industriellen Westen heute gegenübersehen.

Die Familie

Die Frauen sind traditionell die Zentralpersonen in der familiären Sphäre. Jahrhundertelang ist dies unsere Domäne gewesen. Unser Einfluß auf politische Entwicklungen war gewöhnlich indirekt, oftmals durch die Männer. Bis ins 20. Jahrhundert hinein, ja eigentlich sogar noch vor zwei oder drei Generationen, hatten die Frauen kein Recht, direkt auf die Öffentlichkeit Einfluß zu nehmen. Das Wahlrecht wurden ihnen in vielen Ländern erst spät gegeben, und noch heute sind Frauen in der Politik rar.

Dasselbe gilt für die Erwerbsarbeit außerhalb der eigenen vier Wände. Ich bin die erste Frau in meiner Familie, die Zugang zu einer höheren Ausbildung hatte. Als meine Mutter heiratete, wurde es als ganz selbstverständlich vorausgesetzt, daß sie zu Hause bleiben würde, sobald sie Kinder bekommen würde.
Daher befinden wir uns jetzt in einer historisch neuartigen Situation, wenn wir unsere jeweilige Rolle in den drei genannten Sphären betrachten. In der Familie bildeten wir Frauen zu allen Zeiten das Zentrum; die Sphären der Erwerbsarbeit und des öffentlichen Lebens hingegen beginnen wir erst zu erobern.
Meiner Ansicht nach besteht das gute Leben für eine Frau darin, daß sie frei wählen kann, wie sie ihre Zeit zwischen diesen drei Sphären aufteilen möchte, und daß sie an allen drei teilhaben kann, wenngleich diese Sphären nicht gleich wichtig sind. Nicht alle Frauen möchten außerhalb ihres Hauses arbeiten, doch ein immer größerer Teil von ihnen hat eine ebenso gute Ausbildung wie die Männer. Nicht alle Frauen möchten Politikerinnen werden, doch einige sehr wohl. Die meisten Frauen möchten Zeit für ihre Kinder haben, vor allem wenn diese noch sehr klein sind, doch sie stellen fest, daß die Arbeitsbedingungen dies nur den wohlhabenden oder anderweitig begünstigten unter ihnen erlauben.
Die Freiheit zu wählen – je nachdem, in welcher Phase des eigenen Lebens man gerade steckt – ist essentiell. Schließlich ist es natürlich, daß Frauen mehr Zeit mit der Kindererziehung verbringen, wenn die Kinder noch klein sind, und daß sie später wieder mehr außerhalb des Hauses arbeiten. Dies kann aber ebensogut für die Männer gelten.
Wir müssen uns Gedanken machen über das Verhältnis zwischen den praktischen Möglichkeiten der Teilhabe an diesen drei Sphären sowie über die tiefgreifendere Frage, was wir in diesen Bereichen zu tun haben; darüber hinaus müssen wir erwägen, ob und inwieweit das Leben in diesen Sphären uns als Frauen erfüllt und ob wir spezifische Talente und Qualitäten haben, die es nützlich, ja sogar notwendig machen, daß wir an diesen Sphären teilhaben. Wir müssen uns auch mit der Frage auseinandersetzen, ob politische Arbeit wichtiger ist als unsere Arbeit mit den Kindern. Viele Politikerinnen scheinen das zu glauben, aber eine wachsende Zahl – zumindest in Norwegen – verläßt die Politik, weil sie statt des-

sen lieber mehr Zeit mit ihren Kindern verbringen möchten. Sie erkennen, daß nur sie selbst die Mütter ihrer Kinder sein, im Gegensatz dazu aber viele andere die Posten in der Politik übernehmen können. Bei näherem Hinsehen ist der Glanz und die Macht des politischen Geschäfts dann doch nicht so attraktiv. Was im menschlichen Sinne zählt, ist die kleine Gesellschaft der Familie. Aber darin spiegelt sich auch die Tatsache wider, daß das politische Leben nicht so organisiert ist, daß Frauen beides miteinander kombinieren könnten. Mit kleinen Kindern ist dies geradezu unmöglich. Ich selbst erlebe das jeden Tag, und nach vielen Stunden auf Reisen oder in politischen Sitzungen frage ich mich jedesmal: „Ist es das wert, daß ich meine Kinder so wenig sehe?" Ich bin noch nicht zu einer Antwort gekommen, weil ich meine Arbeit in der Politik liebe – vor allem des Einflusses wegen, den ich dort ausüben kann. Paradoxerweise werden gerade dort die Entscheidungen gefällt, die uns alle betreffen, und wir müssen daran teilnehmen, auch wenn es uns genau dort am allerschwersten gemacht wird, weil wir Mütter sind.

Ich werde darauf zurückkommen und begnüge mich vorläufig damit, mit einer Frage in das Thema einzuführen: „Welche Art von Arbeit ist wirklich wichtig?" – Bedenken wir nur, daß nahezu jede Arbeit, die Frauen mit Kindern, im Haushalt, mit Kranken und Alten tun – also die traditionelle Frauenarbeit – in den Statistiken und bei Lohnverhandlungen nichts zählt. Dies ist ein ungeheuerlicher Widersinn, wo doch Frauen auch in der Ausformulierung von Wirtschaftspolitik durchaus ein Wort mitzureden haben. Ist Arbeit nur dann wertvoll, wenn sie quantifizierbar oder politisch anerkannt ist?

Während die Marxisten und die Anhänger einiger anderer Varianten des Sozialismus stets argumentiert haben, daß die sogenannte bourgeoise Familie ein Instrument der Unterdrückung speziell der Frauen sei, halte ich dagegen, daß nur der Rückhalt in einer Familienstruktur, die auch den Ehemann in die häuslichen Pflichten einbindet, es einer Frau erlaubt, eine Karriere außerhalb ihres Haushalts zu verfolgen und zugleich eine Mutter für ihre Kinder zu sein.

Hier fällt auch dem Staat eine Rolle von fundamentaler Bedeutung zu. Er muß die Familie durch eine Politik unterstützen, die es der Frau – und in zunehmendem Maß auch dem Mann – erlaubt, flexible Arbeitszeiten in Anspruch zu nehmen, um genug Zeit für die Kinder zu haben und zugleich genug Einkommen, um der schrecklichen Zwickmühle – überlange Arbeitszeiten einerseits und abendliche Kinderbetreuung durch Dritte andererseits – zu entkommen. In manchen Ländern gibt es Kindergärten, die die ganze Nacht in Betrieb sind, um Eltern, die lange arbeiten müssen, einen Betreuungsplatz für ihre Kinder anzubieten. Dadurch wird meines Erachtens das Recht des Kindes auf Zusammenleben mit seinen Eltern verletzt, was absolut inakzeptabel ist. Kein Elternteil sollte gezwungen sein, derartige Arbeitsbedingungen anzunehmen.

Für die Frauen, die keine Kinder haben, gilt dies natürlich nicht. Doch die große Mehrheit hat Kinder, und meist fällt die Phase, in der die Kinder klein sind, mit dem Ende der Ausbildung oder den ersten Berufserfahrungen zusammen. Einige Frauen haben schon im Studentenalter Kinder, was eine besonders heroische Leistung ist angesichts des Drucks im Studium, eines unsicheren, zu niedrigen Einkommens und des dauernden Kampfes um Kinderbetreuungsmöglichkeiten. Eine solche Situation ist in der Tat schwierig. Einige Frauen leben auch als alleinerziehende Mütter. Auch ihre Bemühungen sind oftmals heroisch, da sie fast immer unter schwierigen wirtschaftlichen Bedingungen zu leiden haben und den Kindern Vater und Mutter in einer Person sein müssen. Den Alleinerziehenden zu helfen ist ebenfalls eine politische Aufgabe.

Elternschaft

Ich glaube, daß Vaterschaft eine grundlegende Erfahrung für Männer ist und daß ein Mann eine Person mit echter Verantwortung wird, sobald er Vater ist. Es ist eine neue und einzigartige Verantwortung – und auch eine Erfahrung, die mehr als irgendeine andere demütig macht. Das Kind ist völlig wehrlos, schwach und abhängig und erwartet daher, daß seine Eltern es an erste Stelle setzen.

Männer lernen durch die Vaterschaft, so ist zu hoffen, sich von der Ich-Bezogenheit abzuwenden, sich für einen anderen Menschen hinzugeben und somit reifer zu werden – jedenfalls solange sie

direkt an der Kindererziehung beteiligt sind. Ein Vater hat Verantwortung und Sorge zu tragen für andere, die schwächer und abhängig sind. Er lebt nicht in erster Linie für sich selbst.
Vater- und Mutterschaft haben darum eine existentielle Tiefe, es sind nicht einfach nur „Rollen". Die Frauen haben das Privileg, Leben weitergeben zu können, und kommen damit der Schöpfung so nah, wie es für einen Menschen nur irgend möglich ist. Diese Teilnahme an der Schöpfung – erst neun Monate lang im eigenen Leib, danach ein Leben lang außerhalb des Mutterleibes (denn Muttersein hört niemals auf) – ist offensichtlich von grundlegender Bedeutung für das Frausein, aber als Erfahrung letztlich nicht mitteilbar: Sie ist so existenziell, daß sie erlebt werden muß.
Eine Mutter ist eine, die sich ihrer Kräfte und Fähigkeiten bewußt ist, die sich nicht fürchtet, sie selbst zu sein. Leibliche Mutterschaft ist eine tiefgreifende Gelegenheit, eben das herauszufinden, weil das Kind eine absolute Forderung darstellt. Aber auch eine Frau ohne eigene Kinder kann Mutter sein. Mutterschaft ist somit nicht nur eine körperliche Erfahrung. Eine reife Frau zeigt Eigenschaften, die ich wirklich weiblich und mütterlich nennen möchte: Sie ist stark, weil sie eine natürliche Autorität besitzt.
Ich verbinde mit dem Begriff des Weiblichen nichts Schwaches. Die Rolle der Frauen als das schwache Geschlecht, das ständigen Schutzes bedarf, ist ein Stereotyp der bürgerlichen Gesellschaft im 19. Jahrhundert. Jene Frauen hatten wenig oder gar nichts zu tun und wurden auch aus diesem Grunde oft neurotisch. Doch wenn wir in der Geschichte weiter zurückblicken, sehen wir, daß die Frauen härter arbeiten mußten als die meisten Männer. Sie waren nicht nur die Mütter vieler Kinder, sondern mußten auch selbständig ihren Haushalt führen. Mir fallen dabei immer die starken Frauen aus der norwegischen Geschichte ein, die von frühesten Zeiten an unabhängig waren und allein den Hof zu bestellen hatten, während die Männer als Fischer oder Seeleute draußen auf dem Meer waren. Die Frauen hatten die schwere Arbeit der Kleinbauern zu verrichten und mußten unter rauhen Bedingungen eine große Zahl von Kindern aufziehen. Diese Frauen standen wesentlich mehr im wirklichen Leben als ihre städtischen Geschlechtsgenossinnen aus dem 19. Jahrhundert, die ein behütetes Leben führten und von ihren Ehemännern versorgt wurden.

Die Bedingungen im Mittelalter ließen die Frauen wirklich stark sein. Das Wort „Hausfrau“ bezeichnet ursprünglich nicht eine Person, die in ihrem bürgerlichen Zuhause eingeschlossen ist, sondern bedeutet wörtlich: „Herrin des Hauses“, diejenige mit dem Schlüsselbund am Gürtel, dem Zeichen von Autorität und Führungskraft.

Der Drang zu Kindern ist sowohl psychisch als auch biologisch bestimmt. Darum spielt er eine zentrale Rolle im weiblichen Reifeprozeß. Wenn wir das Kinderkriegen aufschieben, bis wir bald zu alt dafür sind oder nur noch ein Kind haben können, enthalten wir uns etwas vor, was uns zusteht und unserer Natur entspricht. Als Einzelkind kenne ich aus eigener Erfahrung die Einsamkeit und Unnatürlichkeit einer solchen Situation; man wird dann viel zu schnell erwachsen. Sowohl für die Mutter wie für das Kind ist es gut, wenn Geschwister da sind. Alle Generationen haben das so gesehen, nur unsere nicht. In vielen Ländern finden sich die Frauen heute damit ab, daß sie nur ein Kind haben sollen; in anderen sind die Umstände derart, daß es nahezu unmöglich ist, mehr als ein Kind zur Welt zu bringen. Viele bekommen ihre Kinder viel zu spät – damit meine ich spät in den 30ern –, und das ist nicht gut. Mit dem Alter steigt auch das Risiko, ein krankes Kind zu bekommen, und die Anstrengungen des Stillens sind viel schwerer.

Die Notwendigkeit körperlicher Stärke sollte generell bei Müttern nicht unterschätzt werden. Das optimale biologische Alter zum Kindergebären sind die frühen 20er Jahre, doch ist das wiederum für viele Frauen, die erst eine Ausbildung abschließen wollen, zu früh. Das bedeutet: das Kinderkriegen wird aufgeschoben, so daß es schwieriger wird, mehrere Kinder zu planen und die Doppelbelastung von Karriere und Familie zu verkraften. Auf diese Problematik möchte ich gerne später zurückkommen, wenn ich über Arbeitsbedingungen spreche; fürs erste mag es genügen, daran zu erinnern, daß das Aufziehen von Kindern harte körperliche Arbeit ist und daß die Voraussetzungen für das Leben in einer Familie dem Wandel der Arbeitsmarkt- und Sozialpolitik unterworfen sind.

Diejenigen, die sich als Feministinnen bezeichnen, haben jedoch leider kaum Interesse an diesen Tatsachen. Wenige von ihnen sprechen überhaupt über die Bedeutung der Mutterschaft: weder in praktisch-politischer Hinsicht, noch in tiefgreifenderer Weise. Daher ist der moderne Feminismus in seiner Anthropologie so sehr verarmt, oder besser gesagt: es fehlt ihm überhaupt an einem Menschenbild. Statt in einem ontologischen und existentiellen Sinn danach zu fragen, was es wirklich heißt, Frau zu sein, zeigt der Feminismus ein aggressives Bild vom Menschen, in dem die beiden Geschlechter in einen Machtkampf verwickelt sind.

Die Frauen brauchen zwar politische und wirtschaftliche Macht, aber nur als Mittel, nicht als Selbstzweck. Wir brauchen sie, um die männlich geprägten Determinanten unserer Lebensweise loszuwerden, und um so unsere spezifischen Qualitäten wirklich entfalten zu können. Der moderne Feminismus sagt nichts über das Wesen der Frau und darum hat er auch nichts zu sagen über die Bedeutung der Mutterschaft. Man hat sich zu Recht auf die Unterdrückungsmechanismen in struktureller, sexueller und wirtschaftlicher Hinsicht konzentriert, weil solche Mechanismen wirklich existierten und zum Teil noch immer existieren, aber es wurde dabei vergessen, was die Frauen brauchen, wenn sie dieser Unterdrückung einmal entkommen sind.
Vor allem verhindert die Auffassung, daß Männer und Frauen in einen beständigen Kampf verwickelt seien, jede weitere Überlegung über die Wichtigkeit der Familie und der Mutterschaft für die Selbstverwirklichung einer Frau. Auf praktischer Ebene ergibt sich daraus Folgendes: Nötig ist eine Politik, die die Familien fördert, so daß die Mutter zurechtkommt, vor allem, wenn sie auch noch außerhalb des Zuhauses arbeitet. Auf der darunterliegenden Ebene muß die Harmonie in der Familie einen Menschen auf das Arbeitsleben vorbereiten und ihn auch tragen; Manager von Unternehmen bestätigen dies heutzutage: Sie wollen Mitarbeiter, die ein stabiles Familienleben haben.

Elternschaft erfordert Selbsthingabe

Kinder und Ehemann sind hierbei von zentraler Bedeutung. Wer Familie hat, weiß: Es muß eine in einem tiefen Sinne komplementäre Ergänzung geben, damit eine moderne Familie funktioniert und zu einem Ort harmonischer Entwicklung für jedes ihrer Mitglieder wird. Auf der praktischen Ebene machen zwei Jobs außerhalb und einer im Haus insgesamt drei aus, doch wenn die Ehepartner sich hierbei nicht ergänzen und in echter Solidarität zusammenarbeiten, wird es fast immer die Frau sein, die am Ende zwei dieser drei Jobs zu erledigen hat. Ich sage immer scherzhaft, daß ich mit vier Kindern und einem Beruf außer Haus mindestens einen Ehemann brauche – und einen gut ausgebildeten noch dazu.

Der Punkt ist nämlich, daß in allen westlichen Ländern die Frauen die meiste Arbeit im Haus leisten, und die Männer erst allmählich ihre Pflichten in Kindererziehung und Haushalt übernehmen. Die Männer müssen ihre Einstellung ändern, und die Frauen brauchen Männer, die begreifen, wie wichtig das heute ist. Sehr oft besteht eine Art Wettkampf zwischen den Eltern, wenn vielleicht beide gerade die Ausbildung hinter sich haben, Karriere machen wollen und meinen, der jeweils andere müsse eigentlich mehr Verständnis zeigen. In den meisten Fällen ist die Frau die Verliererin in so einer Situation. Ich würde sagen, daß der Druck auf die Familie unerträglich wird und oft in Scheidung endet, wenn die Partner nicht wirklich die Nöte des anderen und der Kinder über ihre eigenen Bedürfnisse stellen. In Norwegen liegt die Scheidungsrate in den Städten bei ungefähr 50 Prozent. Ohne Zweifel leiden gerade die Kinder gewaltig darunter. Die Norm, daß eine Ehe unauflöslich ist, gilt kaum noch; es ist auch viel zu leicht, eine Ehe aufzukündigen. Der letzte Grund dafür ist die eigene Selbstsucht. Es ist normal, daß man mehrmals im Leben am liebsten aussteigen möchte. Aber die Folgen sind katastrophal, in vielerlei Hinsicht.

Unter diesen Umständen brauchen die Familien vorrangige Hilfe vom Staat und von der Gesellschaft. Die veränderte Sozialstruktur, in der Familien mit doppeltem Einkommen die Norm sind, bürdet den Eltern große Lasten auf, wenn sie Zeit und Energie füreinander und für die Kinder finden wollen.

Kinder großzuziehen ist zeitaufwendig und erfordert Prinzipien: Ich habe einmal mit sechs Kindern einen Erlebnispark besucht. Das hat den ganzen Tag gedauert. Wieviel lieber hätte ich in dieser Zeit gelesen oder mich ausgeruht! Die Kinder rannten in alle

Richtungen, und ich mußte sie ständig einfangen. Ich war bereits nach kurzer Zeit erschöpft, aber sie wollten natürlich länger bleiben. Die Kosten waren unglaublich: viel zu teuer für das, was an Unterhaltung geboten wurde. Ich wurde immer gereizter. Die Jüngste, Sophie, fragte dann am Abend: „Hat es dir genausogut gefallen wie uns, Mami?“ Ich sagte: „Nun ja, mich hat das Ganze eine Menge Geld gekostet, darum hoffe ich, daß es wenigstens euch gefallen hat.“ Sie sah mich streng an und erwiderte: „Geld ist doch nicht wichtig. Das hast du uns doch selber gesagt.“

Das Familienleben und die Ehe funktionieren nur, wenn man die eigene Selbstzentriertheit aufgibt bzw. bekämpft. Kinder verlangen nun mal alles von ihren Eltern. Mit Kindern ist es nicht länger die Frage, was du als Erwachsener die ganze Zeit machen sollst, sondern was du tun mußt und was du tun kannst, um die Familienarbeit zu bewerkstelligen. Das gilt erst recht für das streßreiche Leben, das Männer und Frauen heute führen. Ich glaube, die Männer gehen oft einfach davon aus, daß ihre Frauen zu Hause alles in Ordnung halten; aber das funktioniert nicht mehr, sobald die Frauen denselben Ausbildungsgrad erreicht haben wie die Männer.

Wenn man Kinder hat, fängt die „zweite Schicht“ sofort nach den normalen Arbeitszeiten an, und das geht so weiter, bis die Kinder erwachsen sind. Das meiste, was zu tun ist, können Väter genausogut wie Mütter, besonders wenn die Kinder dem Stillalter entwachsen sind. Meiner Erfahrung nach werden Väter auch menschlich wesentlich reifer, wenn sie praktische Verantwortung für die Kinder übernehmen.

In Norwegen geht der Trend zur Zeit hin zu größeren Familien. Drei oder vier Kinder gelten mittlerweile auch in den höheren Gesellschaftsschichten als optimal. Mehr und mehr Männer trauen sich auch, ihren Arbeitgebern zu sagen, daß sie weniger reisen oder weniger Überstunden machen möchten, weil sie ihre Kinder aus dem Kindergarten abholen müssen. Noch vor einer Generation hielten sich die Väter aus der direkten Kinderbetreuung meistens heraus.

Alles in allem wird ein Menschenleben durch Elternschaft völlig verändert. „Ja, du bist eine richtige Hexe geworden“, sagte meine jüngste Tochter einmal zu mir. Es nützt nichts, das Muttersein zu idealisieren. Doch wenn ich daran zurückdenke, wo mein Leben wirklich eine ganz neue Wendung genommen hat, dann ist es genau hier. Es gibt nichts in diesem Leben was sich so sehr selbst erfüllt wie das Muttersein, das ist meine Erfahrung. Wegen seiner existenziellen Bedeutung ist es eine Position der Stärke, nicht der Schwäche, mütterlich zu sein.

Elternschaft hat eine ganz andere Qualität als normale berufliche Arbeit. Deshalb ist die Familiensphäre als natürlicher Rahmen, in dem sich die Beziehungen zwischen Eltern und Kindern bewegen, lebenswichtig. Sie ist vorrangig zu den beiden anderen Sphären, die ich noch behandeln werde. Es ist höchste Zeit, daß auch die Politik endlich akzeptiert, daß Frauen in erster Linie ihre Berufung als Mütter zu erfüllen haben, danach erst als Berufstätige oder im öffentlichen Leben Stehende. Ob sie fähig und willens sind, sich in den beiden anderen Sphären zu engagieren, hängt unmittelbar davon ab, ob ihre Bedürfnisse im Bereich der Familie erfüllt werden.

Konkret: Wir müssen verlangen, daß wir unserer Aufgabe als Mütter gerecht werden können, damit wir auch an den beiden anderen Sphären teilhaben können. Dies ist meine erste Diagnose hinsichtlich dessen, was es bedeutet, eine Frau zu sein gemäß weiblichen Bedingungen: ein gutes Familienleben, in dem die Bedürfnisse der Mutter beachtet werden. Dies geht sowohl die Ehemänner als auch die Sozialpolitiker an. Es ist heute die oberste Herausforderung für die Frauen in den westlichen Ländern. Als Mutter braucht die Frau einen echten Mit-Arbeiter; er muß sich mit ihr die ungeheure Arbeitslast teilen, die Eltern zu tragen haben, insbesondere unter den Lebensbedingungen der modernen Gesellschaft. Die Bedeutung der Mutterschaft und ihre Erfordernisse werden in den Kapiteln II und III weiter erörtert.

Die berufliche Sphäre

Heute erhalten Frauen in den westlichen Ländern eine ebensogute Ausbildung wie die Männer. In den Entwicklungsländern ist dies bei weitem nicht der Fall. Dort werden Mädchen meistens diskriminiert, sofern es überhaupt Ausbildungsmöglichkeiten gibt. In unseren Ausbildungseinrichtungen machen jedoch Frauen oftmals die Mehrheit aus. Ich denke, das gilt für die Universität, an der ich arbeite, genauso wie für viele andere: die meisten Studierenden sind weiblich.

Trotzdem erreichen nur wenige Frauen eine Professur oder eine andere Führungsposition. In meinem eigenen Fachbereich, politische Wissenschaft, war ich die erste Norwegerin, die sich habilitieren konnte, und noch immer gibt es nicht mehr als eine Handvoll Frauen, die auf Universitätsebene politische Wissenschaft dozieren. Es ist ein männlich dominiertes Feld geblieben, wie so viele andere auch. In Norwegen machen Frauen einen großen Teil der Regierung und des Parlamentes aus, doch sind sie im Wirtschaftsleben auffallend selten vertreten, wo immer noch die alten Seilschaften und Netzwerke der Männer bestimmend sind. Einige Stimmen meinen sogar, daß die Männer sich aus der Politik immer mehr zurückziehen würden, seitdem diese so stark von Frauen geprägt sei. Wo Frauen aber wirklich mit Männern um begehrte Posten konkurrieren, da zeigt sich sehr bald, wie weit wir noch davon entfernt sind, auf gleicher Grundlage Wertschätzung zu erfahren.

Auf internationaler Ebene sieht das Bild weitgehend genauso aus – prinzipiell sogar noch schlechter: Die Frauen sind ebenso gut qualifiziert wie die Männer; dennoch ist ihr Aufstieg nach ganz oben irgendwann zu Ende. Die Gründe dafür sind vielfältig: das Fehlen einer vernünftigen Familien- und Sozialpolitik, die es Frauen erlaubt, den Beruf zu unterbrechen, wenn sie kleine Kinder haben; die Mechanismen an den Arbeitsplätzen, wo Männer sich lieber mit ihresgleichen umgeben und die Frauen unterhalb der Schwelle halten, die sie von den Top-Jobs trennt; das Fehlen einer aktiven Frauenförderungspolitik.

Ich glaubte früher, die Gleichheit komme mit der gleichen Ausbildung; eine andere nennenswerte Diskriminierung gab es meiner nach Ansicht nicht. Erst durch meine eigenen beruflichen Erfahrungen lernte ich, genauer auf die verborgenen und unterschwelligen Wege zu achten, auf denen Frauen sich mehr als rein professionell beweisen müssen. Sie müssen schon sehr zäh und mutig sein, wenn sie daran festhalten wollen, daß Muttersein kein Hindernis im Berufsleben ist, oder wenn sie dabei wirklich sie selbst sein wollen – ohne die Männer nachzuahmen. Das ist eine wesentliche Erkenntnis aller Psychologie: Wenn du nicht frei bist, du selbst zu sein, bist du schwach. So viele verschiedene Elemente von „struktureller Gewalt" – der alte marxistische Begriff paßt hier – wirken auf dich ein: Einstellungen, formelle und weniger formelle Regeln, Vorurteile über die beruflichen Fähigkeiten von Frauen. Unter solchen Umständen werden Frauen verunsichert und verlieren den Mut, dagegen anzugehen.

Frauen verdienen in Europa noch immer weniger als Männer und werden auch nach ihrem Privatleben gefragt, wenn sie sich um einen Job bewerben: Wenn eine Frau jung ist und noch keine Kinder hat, fragt sich der Arbeitgeber, ob sie wohl bald ein paar Kinder haben wird; ist sie etwas älter und hat das Kinderkriegen bis jetzt aufgeschoben, wird er sich fragen, ob sie nicht vielleicht auch bald Nachwuchs bekommen wird; und wenn sie bereits Kinder hat, wird er sich fragen, ob sie überhaupt noch Zeit hat für eine andere Tätigkeit. Männer werden normalerweise so etwas nicht gefragt.

Frauen fallen diesen männlich bestimmten Spielregeln immer wieder zum Opfer. Diejenigen, die das Kinderkriegen aufgeschoben haben, sind auf einmal von Arbeitslosigkeit bedroht, weil alle glauben, sie würden nun bald Kinder bekommen, weil sie ohnehin schon „spät dran" seien. Eine ziemlich groteske Situation.

Ausbildung ist der Schlüssel, um Frauen in der beruflichen Sphäre, aber auch im Leben allgemein ein „gutes Leben" zu ermöglichen. Ausbildung erneuert den Menschen, erweitert den Geist und den Blick und ist echte „Selbst-Verwirklichung". Das macht enorm viel aus. In Europa hat besonders das Christentum in dieser Hinsicht Wichtiges geleistet: Seit dem frühen Mittelalter haben die Frauen in den Klöstern eine ebenso gute Ausbildung genossen wie die Männer, was dazu geführt hat, daß Frauen führend in Gelehrsamkeit, Politik und Verwaltung werden konnten. Dafür gibt es aus dem Mittelalter viele Beispiele. Später, mit dem Einsetzen einer breiteren Bildung, gerieten die Frauen bei der Schulerziehung und der Universitätsausbildung ins Hintertreffen. Daß wir dieselben Bürgerrechte wie die Männer haben, ist eine ziemlich junge Errungenschaft. Erst in den letzten beiden Generationen git es für uns Frauen die Möglichkeit zu einer Berufsausbildung, die derjenigen der Männer ebenbürtig ist.

Das Vorankommen der Frauen ist also wie zu allen Zeiten eng mit der Bildung verknüpft. Bildung ist die Voraussetzung für ein erfülltes Arbeitsleben. Obwohl wir aber so gut ausgebildet sind oder zumindest die gleichen Bildungschancen haben, ist die Arbeitswelt auch heute nicht nach unseren Bedürfnissen ausgerichtet. Ich finde, „gutes Leben" für eine Frau im beruflichen Bereich ist ein Arbeitsleben nach weiblichen und nicht nach männlichen Bedingungen. Darin liegt die wichtigste Herausforderung für Frauen in der westlichen Welt von heute. Was aber ist damit gemeint: „nach weiblichen Bedingungen?"

Ich habe bereits darauf hingewiesen, wie wichtig es ist, daß Kindererziehung und Berufsleben miteinander kombinierbar werden, da beide Aufgaben sehr häufig zeitlich zusammenfallen. Das ist eine politische Angelegenheit; der Markt wird nicht von sich aus regeln, daß eine Mutter ihren Job behält, wenn sie ein Kind hat, oder daß sie Mutterschaftsurlaub nehmen kann, um ihr Kind zu stillen, oder daß sie oder der Vater des Kindes zu Hause bleiben kann, wenn das Kind krank ist usw. Die Sozialpolitik für berufstätige Eltern ist in der Gegend Europas, aus der ich komme, relativ gut, was zu einer größeren beruflichen Sicherheit für die Frauen geführt hat. Ohne Mutterschaftsurlaub und flexible Arbeitsbedingungen hätte ich niemals vier Kinder in fünf Jahren zur Welt bringen und gleichzeitig meinen Beruf weiter ausüben können.

Eine so natürliche Notwendigkeit wie das Stillen eines Kindes in den ersten sechs bis neun Lebensmonaten ist in der heutigen Zeit nur erfüllbar, wenn politisch der Boden dafür bereitet ist. Eine solche Politik zahlt sich natürlich für jede Gesellschaft langfristig aus – insbesondere im industrialisierten Westen, wo die Geburtenraten sehr niedrig sind und noch weiter sinken. Alle politisch Verantwortlichen sind sich einig, daß die Frauen im Westen mehr Kinder bekommen müßten. Dann müssen sie aber auch für die richtigen Voraussetzungen sorgen.

Im Berufsleben müssen sich die Frauen im allgemeinen nach den männlich geprägten Regeln richten. Der Feminismus der 70er Jahre hielt daran fest, daß Frauen erst alle Arbeitsbereiche durchdrungen haben müßten, ehe Gleichberechtigung hergestellt sei. Ich glaube, daß dieser Gedanke im Grundsatz richtig war, um an bestimmte Einflußpositionen zu gelangen; aber das führte auch zu der Annahme, eine Frau sei wirklich frei und emanzipiert, sobald ihr alle Positionen, die von Männern besetzt waren, in gleichem Maße offenstünden. Doch die wahre Befreiung kam nicht. Die Frauen waren kein Stück glücklicher, als sie endlich Lastwagenfahrerinnen, Bergarbeiterinnen oder Offizierinnen sein durften. Zu jener Zeit war es wichtig zu beweisen, daß Frauen all das, was Männer können, auch können. Doch nachdem der Zugang zu allen beruflichen Positionen im Grundsatz frei ist, bleibt die Frage: was macht das nun für einen Unterschied für die Frauen? Die meisten Frauen wählen ohnehin keinen Beruf dieser Art. Sich den Zugang dazu zu erkämpfen, hat nicht zu einer Umgestaltung der Arbeitswelt nach weiblichen Bedürfnissen geführt, sondern zu einer Übernahme der männlichen Bedingungen.

Hier wird die Tatsache, daß Männer und Frauen in dieser Hinsicht verschieden sind, sehr konkret. Als ich mich um die Professur, die ich heute inne habe, bewarb, hatte ich als Mitbewerber einen Mann. Das Auswahlkomitee an der Universität hatte nach unseren jeweiligen Unterlagen entschieden, daß wir beide dasselbe akademische Niveau erreicht hätten. Mein Mitbewerber war jedoch sechs Jahre jünger als ich. Das verblüffte mich: Wie war es ihm gelungen, dieselbe Arbeit in einer viel kürzeren Zeit zu schaffen? Doch dann rechnete ich meine Arbeit ein, die ich als Mutter geleistet hatte: viermal neun Monate Schwangerschaft – das allein waren schon drei Jahre. Dann noch mal viermal neun Monate Stillzeit – das machte weitere drei Jahre aus. Zusammen kam ich so auf sechs Jahre. Dazu kamen noch zwei zusätzliche Jahre, in denen ich mit den Kleinen zu Hause blieb. Alles in allem hatte ich also mehr geleistet als mein männlicher Konkurrent, wenn man die ganze Zeit berücksichtigt, die ich mit dem Gebären und Aufziehen der Kinder verbracht habe.

In meinem Fall hat das Auswahlkomitee diese Tatsache – soweit ich weiß zum ersten Mal in der Geschichte der Universität – in Rechnung gestellt. Eine Vorschrift darüber gab es allerdings nicht, so sehr es auch vom gesunden Menschenverstand her geboten erschien.

Für mich ist klar: Frauen und Männer sind völlig ungleich, wenn sie sich in dem Alter, in dem sie eine Familie gründen und Kinder großziehen, um eine berufliche Anstellung bewerben; doch genau

das ist das Alter, in dem sie beruflich Fuß fassen müssen. Die Bedingungen der Arbeitswelt müssen dies künftig in ganz konkreter Weise widerspiegeln.
Hier liegt eine ungeheure Aufgabe für die Politiker, doch ich glaube, daß nur Frauen dieses Thema wirklich als politische Herausforderung aufgreifen werden. Schon bisher waren es leider fast ausschließlich Politikerinnen, die in puncto Familien- und Mütterpolitik etwas unternommen haben. Die Männer kümmern sich ganz einfach zu wenig darum – bis jetzt jedenfalls.
Wie schon gesagt, brachte die zunehmende Berufstätigkeit von Frauen keinen Wandel hin zu etwas Neuem, sondern nur die Nachahmung männlicher Verhaltensmuster. Und das ist meiner Einschätzung nach einer der schwerwiegendsten Irrtümer des Feminismus der 70er Jahre: Männer wurden in vielen Berufen einfach nur durch Frauen ersetzt – doch die Arbeitsbedingungen blieben dieselben.
Ich möchte ein zweites Beispiel nennen: In meinem ersten Beruf war ich Angestellte im norwegischen Ölministerium, was mir viele Kontakte mit Menschen aus dem Öl- und Gasgeschäft brachte. Wenn es überhaupt ein männlich beherrschtes Geschäftsfeld gibt, dann dieses. Hier fand ich mich als einzige Frau unter Dutzenden von Männern in grauen Anzügen wieder, die alle genau gleich dachten, und zwar in einer ausgesprochen männlichen Richtung. Das Beste, was ich erhoffen konnte, war, daß ich irgendwann als „einer von den Jungs" akzeptiert werden würde. Doch die „Jungs", jedenfalls die Norweger unter ihnen, interessierten sich außer für Öl nur für zwei Dinge: Sport und Heimwerken. Da ich weder für das eine noch für das andere viel übrig habe: Wieso hätte ich mich über so langweilige Themen mit ihnen unterhalten sollen?
Mir wurde allmählich klar, daß allein sie die Konditionen festlegten, nach denen unsere Sozialkontakte bei der Arbeit abliefen, und daß ich wenig Chancen hatte, das zu ändern. Die Normen und Denkweisen der Männer waren nun mal verschieden von denen der Frauen.
Wenige meiner Kolleginnen trauten sich jedoch einzugestehen, daß sie für Sitzungen am späten Abend nicht viel übrig hatten – wenn sie zur selben Zeit viel besser hätten zu Hause sitzen und le-

sen oder sich von dort in den Computer hätten einloggen können, statt im Büro zu sitzen – was natürlich auch viel besser für sie selbst und für ihre Kinder gewesen wäre. Wenige versuchten wirklich etwas an den Arbeitsbedingungen zu ändern, so daß sie als Mütter beispielsweise besser damit zurechtgekommen wären. Statt dessen war das Ganze ein Ausverkauf an die bestehenden Machtverhältnisse.

Ich möchte noch ein Beispiel erwähnen, um zu zeigen, was für mich ein solcher Ausverkauf eigener Interessen ist: Vor einigen Jahren machte eine Professorin an einer der besten amerikanischen Universitäten den Vorschlag, man solle zwei verschiedene Karrierewege eröffnen: A und B. Weg A sollte für Frauen sein, die keine Kinder haben, somit länger arbeiten können und keine „Störungen" durch Mutterschaftsurlaub oder andere Sonderansprüche verursachen. Den A-Frauen stünden auch die wichtigen Positionen offen. Weg B führte zu den weniger wichtigen Jobs, wo sich die Frauen wiederfinden würden, die Kinder haben. Auf diese Weise bliebe die männliche Organisation des Arbeitslebens unangetastet; die Frauen können daran teilhaben, aber nur wenn sie sich den männlichen Bedingungen unterordnen. Fast schon überflüssig zu sagen, daß die Person, die diesen Vorschlag machte, natürlich selbst auch keine Kinder hatte. Zur damaligen Zeit rief ihre Idee eine heftige Debatte hervor. Ich bin der Meinung, daß dies der völlig falsche Ansatz ist; die Frauen müssen die Bedingungen in der Arbeitswelt so verändern, daß ihre spezifisch weiblichen Bedürfnisse Berücksichtigung finden.

Das ist noch immer eine äußerst radikale Ansicht. Aber genau darum geht es, wenn künftig die Frauen in der westlichen Gesellschaft noch Kinder haben sollen, denn eines ist absolut sicher: Frauen mit einer guten Ausbildung werden berufstätig sein wollen, und Frauen werden im allgemeinen nicht nur berufstätig sein wollen, sondern berufstätig sein müssen. Es gibt somit kein Zurück in das Zeitalter, wo vorwiegend der Mann für den Broterwerb zu sorgen hatte. Die Zukunft liegt in flexiblerer Arbeitsteilung, in praktischen Maßnahmen, die es Eltern erlauben, Familie und Karriere zu vereinen, und die verhindern, daß Frauen, die auf jeden Fall die Hauptlast der Arbeit mit den Kindern tragen, am Arbeitsplatz diskriminiert werden. Bislang geht die Gesetzgebung auf diesem Gebiet nur sehr langsam voran und die politischen Debatten darüber stehen gerade erst am Anfang. Es ist keineswegs weiter erstaunlich, daß eine Versammlung europäischer Geschäftsmänner, denen ich ausführlich von diesem zentralen Anliegen erzählte, die Radikalität und die Dringlichkeit gar nicht erkannte. Ein Manager aus einer größeren Bank meinte: „Frauen, die Kinder haben, können nicht gleichzeitig Karriere machen. Es gibt eine natürliche Wahl zwischen Kindern und Karriere." Ich war vollkommen anderer Meinung. Und auf meiner Seite stehen viele Frauen, die über solche Ansichten immer wütender werden.

Heute ist es viel eher möglich, Lösungen für unsere praktischen Probleme zu finden. Dank der modernen elektronischen Hilfsmittel läßt sich wesentlich mehr Arbeit von zu Hause aus erledigen; es ist keineswegs nötig, ständig im Büro präsent zu sein. Es ist sehr gut möglich, abends oder zu ungewöhnlichen Stunden zu arbeiten und trotzdem mit den Kollegen in Kontakt zu bleiben. Diese Art der Flexibilität ist besonders wichtig für Frauen. Ich meine, wir müssen uns einen anderen Begriff von Arbeit aneignen, der mehr nach den Ergebnissen fragt, nicht nach den Stunden, die man im Büro zugebracht hat. Natürlich ist das nicht bei jeder Art von Arbeit möglich, aber in vielen Fällen schon.

Ändern muß sich allmählich auch die Mentalität hinsichtlich der Rolle der Männer als Väter. Jüngere Männer in Norwegen verlangen inzwischen zunehmend nach Arbeitsbedingungen, die sich mit ihren Pflichten als Väter vereinbaren lassen. Ich glaube, dies hilft enorm, um den notwendigen Wandel in den Auffassungen über die Arbeit zuwege zu bringen. Auch die Männer sind verpflichtet, ihre Zeit zwischen Familie und Beruf aufzuteilen. Diesen Punkt sollten wir auf politischer Ebene mit mehr Nachdruck verfolgen, denn er ist sehr wichtig. Man muß gar nicht sonderlich intelligent sein, um zu begreifen, daß eine gesunde Balance zwischen Familie und Berufsleben zutiefst im Interesse der Gesellschaft wie auch der wirtschaftlichen Kultur ist. Welcher Unternehmer der Zukunft will gerne alleinstehende oder geschiedene Angestellte haben, die keine anderen menschlichen Erfahrungen haben außer einer gescheiterten Ehe? Die Reife, die Eltern schlicht und einfach durch ihre elterliche Teilnahme am Leben ihrer Kinder – und zwar durch aktive Leistung wie auch durch Verantwortung – ge-

winnen, ist ein unglaublich wertvolles Plus für jeden Unternehmer, der eine weiterreichende Perspektive hat. Das sogenannte „Humankapital" – ein schreckliches Wort – bleibt die Hauptressource für jedes Unternehmen. Junge, aggressive Männer, Monomanen des Profits, sind wohl kaum als langfristiges Kapital geeignet, das ein gesundes Unternehmen braucht. Der Mangel an Reife und Perspektive, den sie gewöhnlich aufweisen, wirkt sich auch auf das Geschäftsleben aus. Man braucht Vertrauen, kultivierten Umgang und echten zwischenmenschlichen Respekt, um führen zu können und um in einer internationalen Arena Erfolg zu haben.
Ein weiser Unternehmensführer wird darum zunehmend nach Personen suchen, die zusätzlich zu ihrer formalen Ausbildung, die ja nur der erste Baustein einer Karriere in einer immer wechselhafteren wirtschaftlichen Zukunft sein kann, menschliche Reife und Erfahrung mitbringen. Es dürfte keine Überraschung sein, daß ich davon überzeugt bin, daß Frauen gute Kandidatinnen für führende Positionen in der künftigen Geschäftswelt sind. Aber auch Männern, die ihre Arbeit als Väter ernst nehmen, sollte karrieremäßig der Vorzug vor anderen Männern gegeben werden. Darin steckt Geschäftslogik, doch bislang haben nur die allermodernsten Firmen dies verstanden. Darum ist es nach wie vor dringend erforderlich, daß auf politischer und sozialer Ebene an einem tatsächlichen Wandel gearbeitet wird. Und die Frauen werden ihre Probleme nicht einfach verschweigen, sondern als starke und wortmächtige Bürgerinnen ihre Worte auch in die Tat umsetzen.

Was kennzeichnet Arbeit?

Wie berichtet, mußten Ministerpräsident Persson von Schweden und der frühere Chef der norwegischen Arbeiterpartei, Jagland, sich entschuldigen, weil sie die Arbeit im Haushalt als unbedeutend für die Gesellschaft hingestellt hatten. Für sie ist nur bezahlte Arbeit wirkliche Arbeit – die alte sozialistische Idee also.
Doch mittlerweile drängt ein anderer Arbeitsbegriff in den Vordergrund: einer, der auch die stille Arbeit berücksichtigt, die vor allem Frauen verrichten, indem sie Kinder aufziehen und der

Familie dienen. Zu Beginn sagte ich, daß wir immer nur als Arbeit werten, was sich in Bilanzen und Konten messen läßt, und daß all die Arbeit in der Familie überhaupt nicht zählt. Die Gründe dafür sind technischer, wirtschaftlicher, aber auch politischer Art, und die Folgen reichen weit über die Tatsache hinaus, daß diese Art von Arbeit noch immer unbezahlt ist: Wir glauben ja selbst schon, daß nur bezahlte und quantifizierbare Arbeit wichtig sei. Aber wirklich gravierend ist die Tatsache, daß jeder Form von Tätigkeit, die der Erziehung von Kindern zugewendet wird, im Hinblick auf die Gesellschaft kein Wert beigemessen wird – doch wer könnte die Bedeutung dieser Arbeit ernsthaft in Frage stellen? Obwohl Frauen meistens nach bezahlter Arbeit streben (müssen), ist die Leistung der Kindererziehung weitaus mehr wert als gewöhnliche Berufsarbeit. Es ist körperlich harte Arbeit; ich selbst habe gemerkt, wie wichtig es ist, als Mutter körperlich fit und stark zu bleiben. Darüber hinaus ist diese Arbeit von allergrößter Bedeutung für die gesamte Heranbildung eines jungen Menschen. Die Kinder lernen aus dem Beispiel ihrer Eltern gerade während der prägendsten Jahre bis hinein ins Heranwachsendenalter. Die Eltern haben hier eine Verantwortung, sich mit voller und natürlicher Hingabe zu bemühen, Erzieher, Mutter, Vater, Freund und der Fels zu sein, auf der die arglose Sicherheit und Geborgenheit der Kindheit erbaut ist. Wie auch immer die Mutter, die den größten Teil dieser Pflichten zu tragen hat, sich entscheidet – ob sie die volle Zeit zu Hause bleibt oder außerhalb arbeitet oder einem Teilzeitberuf nachgeht –, es ist ganz wesentlich, daß sie genügend Zeit hat für ihre Arbeit als Mutter. Kinder ziehen ihre Eltern für das zur Verantwortung, was diese ihnen beibringen – oftmals sogar auf eine Art und Weise, die einen ganz schön in Verlegenheit bringen kann; zugleich bleiben die Eltern für sie auch dann noch Autoritätspersonen, wenn diese Autorität – etwa im Teenager-Alter – heftig in Frage gestellt wird. Meine Tochter Sophie mit ihrer kleinen scharfen Zunge fragte mich zum Beispiel einmal: „Weißt du, warum Italien beim Fußball gegen Norwegen gewonnen hat?" – Ich antwortete: „Sie waren die besseren Spieler." – „Nein", sagte sie, „weil sie mehr gebetet haben, und Gott sie hat gewinnen lassen, weil sie ihn darum gebeten haben." Sie hatte gesehen, daß die italienischen Spieler sich bekreuzigt hatten. Ich widersprach, doch dann sagte sie: „Hast du denn nicht selber gesagt, daß Gott unsere Gebete erhört?“ Damit hatte sie gewonnen.

Die Arbeit, die Eltern leisten, darf nicht länger auf den letzten Platz verwiesen werden: wenn alles andere erledigt ist. Im Gegenteil: Dies ist die erste und grundlegende Arbeit, denn wenn nicht die entsprechenden Voraussetzungen dafür gegeben sind, zerfällt auch alles andere. Die Kinder werden reizbar und bitter, die Mütter haben dauernd ein schlechtes Gewissen, und auch die berufliche Arbeit leidet darunter.

Es gilt also, die feine und äußerst schwierige Balance zu finden zwischen der notwendigen Arbeit und der Zeit, die man in Spiel und Freizeit zusammen mit der Familie verbringt. Das Wie wird von Fall zu Fall unterschiedlich sein, doch von Anfang an muß der Gesellschaft und dem Arbeitgeber klar sein, daß die Arbeit der Eltern und besonders der Mütter lebenswichtig für alles andere ist.

Sehr oft habe ich das Gefühl gehabt, ich müsse mich dafür entschuldigen, daß ich Kinder habe, und dann hatte ich ein schlechtes Gewissen, weil ich meine Kinder zu Hause zurücklassen mußte oder zu wenig Zeit für sie hatte. Die gesunde Balance zu finden ist nur möglich, wenn man die Arbeit zu Hause und mit den Kindern ganz ernst nimmt: sie plant, für einen Teil davon bezahlte Hilfe in Anspruch nimmt, zu Überflüssigem Nein sagt und eine Atmosphäre der Ordnung und Struktur zu Hause schafft, die auch Pflichten für die Kinder einschließt. Doch die Balance kann sehr leicht kippen: wenn etwa jemand krank ist oder müde oder wenn unvorhergesehene Ereignisse eintreten. Der Spielraum ist häufig sehr eng. Darum muß auf politischer Ebene anerkannt werden, daß besonders Mütter, aber ganz allgemein alle Eltern mit kleinen Kindern die richtigen Bedingungen vorfinden müssen, um die Doppelbelastung auf sich zu nehmen, die sie über viele Jahre gerade während der intensivsten Karrierephase zu tragen haben.

Bislang ist diese Anerkennung ausgeblieben, weil die Arbeit, die in gutes Familienleben und in ausgeglichene Kinder investiert wird, von fast jedermann unterschätzt – und von den Feministinnen alter Prägung zwei Jahrzehnte lang vollständig abgelehnt worden ist. Wie soll man dann erwarten, daß gerade Männer sich dieses Themas auf politischer Ebene annehmen?

Heute ist eine Frau in den westlichen Gesellschaften, die sich entschließt, eine Zeitlang ganz zu Hause zu arbeiten, schwer gestraft. Sie bekommt nicht die Sozialleistungen, die eine Frau bezieht, die dauernd im Beruf steht; sie wird nicht einmal als Teil der arbeitenden Bevölkerung angesehen, und niemand zahlt ihr ein Gehalt. Es muß möglich sein, diese Ungerechtigkeit radikal neu zu überdenken und zum Beispiel die Idee eines „Familiengehalts" zu entwickeln: ein Einkommen, das einer Familie das Leben erleichtert unabhängig davon, ob beide Elternteile berufstätig sind oder nicht. Das heißt nicht, daß die Frauen wieder zu Hause bleiben sollen. Vielleicht will ja der Mann für ein oder zwei Jahre zu Hause bleiben, hat aber bislang nicht die Chance dazu. Ich kenne viele Paare, die gerne die Möglichkeit dazu hätten, solange die Kinder klein sind, die sich das aber nicht leisten können.
Die Frauen stehen jedoch noch anderen Hindernissen gegenüber: Es reicht häufig nicht, in puncto beruflicher Qualifikation genauso gut zu sein wie ein Mann; Männer suchen sich vielmehr, wie schon gesagt, bevorzugt ihresgleichen als Mitarbeiter aus. Sie nehmen lieber die, die ihnen am ähnlichsten scheinen: Ökonomen ziehen Ökonomen vor, Anwälte Anwälte usw. Daran ist nichts Geheimnisvolles – wir alle machen es so. Was wir kennen, das halten wir auch für sicherer als das Unbekannte. Das Problem ist nicht, daß wir Frauen, sondern daß wir anders sind. Sobald erst einmal mehr Frauen in die Top-Positionen gelangen, wird sich das ändern, und das Problem wird sich von alleine lösen. Doch hier sind wir wieder bei der alten Frage nach der Henne und dem Ei: Wie kommen wir in diese Top-Positionen? Quotenprogramme haben sich als nicht sehr erfolgreich erwiesen. Sie haben sogar das Weiterkommen von Frauen eher gebremst. Es finden sich immer Möglichkeiten, diese Regelungen zu umgehen, und wenn dann doch Frauen eingestellt werden, sagen manche Männer, diese seien nicht wegen ihrer Qualifikation, sondern wegen der Quote genommen worden.
Die meisten Frauen stimmen darin überein, daß es am angenehmsten ist, in einer Umgebung zu arbeiten, in der Männer und Frauen sich in etwa die Waage halten. Ich glaube, auch die Männer werden allmählich einsehen, wie dies die Arbeitswelt bereichert. Doch dazu braucht es Mut und Lernwilligkeit. Die Frauen

müssen den Mut haben, sie selbst zu sein und nicht einfach nur die männlichen Rollenmuster nachzuahmen, und die Männer müssen den Mut haben, jemanden einzustellen, der anders ist als sie selbst – zum Beispiel Frauen! Sie müssen den Mut haben, die bisherigen Barrieren zu durchbrechen.

Auch in meiner angeblich so fortschrittlichen Heimat sind wir davon noch weit entfernt. In der Wirtschaft wie auch im akademischen Leben gibt es nur wenige weibliche Führungskräfte. Im öffentlichen Sektor ist es wesentlich einfacher als im privatwirtschaftlichen, die Arbeit einer Mutter mit der beruflichen zu verbinden, weshalb Frauen vorzugsweise dort eine Anstellung suchen. Doch das verschärft nur noch die Schwierigkeit, den strukturellen Wandel und die Änderung der Mentalität im privaten Sektor voranzutreiben.

Zusammenfassend läßt sich sagen: Die Hauptaufgabe für uns Frauen in der Arbeitswelt liegt darin, die Arbeit nach unseren eigenen Konditionen neu zu organisieren und zugleich zu überdenken, worin Arbeit eigentlich besteht. Die gegenwärtige Zeit hoher Arbeitslosigkeit in den traditionellen Wirtschaftssektoren Europas könnte eine günstige Gelegenheit dafür sein. Wir wissen, daß die Nachfrage nach Arbeitskräften im Dienstleistungssektor bei der Pflege von Alten, Kranken und Kindern noch steigen wird, und daß schon jetzt die Frauen die meiste unbezahlte Arbeit auf diesem Gebiet leisten. Wir wissen auch, daß der Wunsch nach Arbeitsteilung („Job-Sharing“) zunimmt, da Arbeitsplätze immer knapper werden. Vielleicht gelingt es uns, diesen Veränderungen etwas Positives abzugewinnen, wenn wir über die Neuorganisation unserer Arbeitswelt diskutieren. Doch zu dieser Zeit sind die Frauen zugleich auch die verwundbarsten, da es schwieriger ist als zuvor, Beruf und Familie miteinander zu kombinieren. Wir erleben eine für Frauen sehr kritische Zeit. Die Politiker im Westen sind zunehmend besorgt über den „demographischen Winter“ – aber wie viele fragen wirklich nach den Ursachen?

Die Bedingungen der Teilhabe an der Arbeitswelt werden nach wie vor von Männern vorgegeben. Es gibt, vielleicht generationsbedingt, einige hoffnungsvolle Andeutungen eines Wandels, da auch die Männer mehr und mehr ihre Verantwortung als Väter

übernehmen und die Notwendigkeit besserer Regelungen zugunsten der Vereinbarkeit von Beruf und Familie einsehen.
Die Frauen müssen sich trauen, auch in der beruflichen Arbeitswelt sie selbst zu sein. Ich habe angeführt, daß wir unsere eigenen Bedingungen setzen müssen, und zwar nicht nur in praktischer Hinsicht. Wir sind nur dann selbstbewußt, wenn wir auch als Berufstätige wir selbst sind, doch die Nachahmung männlicher Rollenmuster verstärkt nur das Gefühl der „Uneigentlichkeit". Wenn wir das Gefühl haben, daß man uns nicht wirklich akzeptiert oder respektiert, sondern uns vielleicht nur als Sexualobjekte oder intellektuell minderwertig behandelt, dann liegt das nicht an uns selbst oder an irgendeinem Mangel an Begabung oder Qualifikation, sondern an der Tatsache, daß wir nach einem Maßstab gemessen werden, der nicht von uns gesetzt ist. Das trifft nicht nur für die Berufswelt zu, sondern auch für das gesellschaftliche Leben, wo zum Beispiel die Medien Frauen zu Objekten machen und diskriminierende Einstellungen somit unterstützen. In Kapitel V werde ich zeigen, wie das Arbeitsleben zu weiblichen Konditionen organisiert werden kann.

Die politische Sphäre

Warum sollten Frauen in die Politik gehen? Auf diese Frage lassen sich mindestens zwei Antworten geben: erstens weil wir genauso viel Macht haben sollten wie die Männer; zweitens weil wir die politischen Entscheidungsprozesse verändern wollen. Wir haben ein Programm und spezifische Werte, nicht bloß einen Hunger nach Macht.
Ich finde, daß es in der Politik genau um diese Dinge gehen muß. Macht ist ein Mittel, kein Selbstzweck, und wir Frauen haben der Politik etwas zu geben, aber auch einiges zu verlangen.
Politik nach Art der Frauen zu machen kann heißen: Friedensförderung und Konfliktlösung in anderer Weise als Männer zu betreiben, andere Mittel als Gewalt und Krieg zur Austragung von Konflikten zu wählen und so lebensbejahende Werte in einem tieferen Sinne voranzubringen.
Da wir selbst an der Weitergabe des Lebens mitwirken und gewohnt sind, von unseren Kindern daran erinnert zu werden, daß

wir selbst nicht der Nabel der Welt sind, bringen wir einen gewissen Realismus und eine Demut in die öffentliche Sphäre ein – vorausgesetzt, es gelingt uns, unsere eigenen Bedingungen für diese Arbeit zu bestimmen. Ich will damit nicht den naiven Anspruch erheben, Frauen seien besser als Männer, aber wir sind anders. Auch will ich nicht behaupten, daß die weiblichen Führungskräfte in der Politik bislang sonderlich friedliebend gewesen sind. Aus der Erfahrung läßt sich nicht herleiten, daß Frauen als Politikerinnen anders sind als Männer. Wenn man an die wenigen politischen Führerinnen denkt, die wir kennen, wird man wohl nicht bestreiten können, daß diese sich ebenso aggressiv und „männlich" verhalten haben wie jeder Mann.

Meine Argumentation zielt jedoch in eine andere Richtung. Frauen besitzen jene mütterlichen Eigenschaften, die ich erwähnt habe, aufgrund ihrer Natur, aber auch aufgrund ihrer Erziehung. Ich habe keinen Zweifel, daß dies so ist. Frauen kooperieren auf andere Weise als Männer, kümmern sich mehr um andere und besitzen eine soziale Intelligenz im Hinblick auf zwischenmenschliche Beziehungen und andere Menschen, die nur wenige Männer haben. Sie werden, wenn sie selbst die Erfahrung der Mutterschaft, der Sorge um andere und der eigenen Haushaltsführung gemacht haben, ein offenes Ohr haben für die „niedrigere" Politik, die sich der Familien und der Sozialaufgaben annimmt; das gilt für die meisten Frauen. Darauf mögen viele einwenden: „Es gibt aber keine Belege dafür, daß Frauen als Politikerinnen anders sind als Männer!" Das stimmt. Doch man bedenke, daß jene weiblichen Politikerinnen, die wir kennen, so hartnäckige Widerstände zu überwinden hatten, um an die Spitze zu gelangen und sich dort zu halten, daß es ihnen unmöglich war, noch sie selbst zu sein; sie waren nicht entspannt genug, um noch ihre spezifisch weibliche Seite zu zeigen. Und viele von ihnen waren vielleicht alleinstehende, harte Karrierefrauen ohne jene Erfahrungen, die ich eben angeführt habe.

Was auch immer die Erklärung sein mag, so bin ich davon überzeugt, daß erst dann, wenn eine nennenswerte Zahl von Frauen die Top-Positionen erreicht, der extreme Druck, sich an männlichen Verhaltens- und Führungsmustern zu orientieren, abnehmen wird. Erst wenn genügend Frauen in dieser politischen

Ebene zu finden sind, werden sie in der Lage sein, ganz sie selbst zu sein.

Heute sind 13 Prozent aller politischen Entscheidungsträger in Europa weiblich. In meiner Heimat gibt es relativ viele, aber es gibt auch viele, die wieder aus der Politik ausscheiden, weil sie es nicht für möglich halten, diese Arbeit über einen längeren Zeitraum mit ihrer Mutterschaft zu kombinieren. Auch männliche Politiker wagen es mittlerweile – zumindest in Skandinavien –, ihre Besorgnis darüber zum Ausdruck zu bringen. Das kann uns vielleicht daran erinnern, daß nicht die Zeit, die wir in die Politik stecken, das Entscheidende ist, sondern vielmehr das Ergebnis. Eine praktische Anforderung an uns als Politikerinnen ist es daher, die Zeit für das politische Geschäft so zu organisieren, daß wir zu unseren eigenen Bedingungen daran teilhaben können. Es gibt beispielsweise keinen einsehbaren Grund, warum ein Parlament die ganze Nacht hindurch zusammensitzen und gleichzeitig so lange Ferien haben muß. Ich glaube, daß nur wenige Frauen bisher danach gefragt haben. Doch dieses Problem ist dringlich, denn die politische Teilhabe ist nach meiner Auffassung ein Dienst an der Gemeinschaft, der für die, die ein Talent dazu besitzen, auch eine Verpflichtung darstellt.

Die instrumentelle Version von Politik betrachtet diese als Machtstreben um seiner selbst willen. Das ist das Erbe von Machiavelli, Hobbes und der traditionellen „Realpolitik". Doch erst in der späteren europäischen Geschichte hat sich die Politik von der Frage nach der Gerechtigkeit – der Ethik also – getrennt. Davor ging es immer um das summum bonum, das Beste für die Gesellschaft. Darum und nicht um das Streben nach Macht um ihrer selbst willen, welches nach Hobbes' verzweifelter Klage „erst mit dem Tode endet", sollte es auch heute in der Politik gehen. Frauen sehen dies vielleicht besser als Männer, die mehr auf Macht um ihrer selbst willen aus sind.

Politik macht einen Menschen tough, hart und unempfindlich – ist das wahr? Nach dem zu urteilen, was man so beobachtet, muß man es wohl oft bejahen. Ein berühmter Politiker, Henry Kissinger, soll gesagt haben, Politik sei das beste Aphrodisiakum. Man kann sich sehr leicht an Macht gewöhnen, und nur selten gibt man sie leichten Herzens wieder ab. Ex-Politiker leiden darum oft an der sogenannten Limousinen-Abstinenz.

Das beste Heilmittel gegen diese Selbstüberschätzung ist, nach Hause zu gehen und den Küchenboden zu schrubben, während die Kinder nach Essen und Zuwendung schreien und spielen wollen. Die alltäglichen Arbeiten der Mutter- und Vaterschaft machen einen demütig und erinnern einen daran, wie klein man doch eigentlich ist. Auch aus diesem eher trivialen Grund glaube ich, daß Frauen potentiell die besseren Politiker sind. Wir sind es gewohnt, Frieden zu stiften und Konflikte zu lösen, allein aufgrund unserer täglichen Erfahrungen mit Kindern (und Ehemännern!), und wir haben nicht die Zeit, uns allzu lange nur mit uns selbst zu beschäftigen.
Auf einer ernsthafteren Ebene aber sehe ich in der westlichen Politik derzeit eine Periode ethisch-moralischen Abstiegs, und auch aus diesem Grunde ist es wichtig, danach zu fragen, was Frauen als Politikerinnen verändern können. Der Völkermord im Europa der 90er Jahre – in Bosnien – legt uns die Frage auf, wie wir dieses Morden geschehen lassen konnten und ob wir schon alle politischen Prinzipien über den Schutz von Menschenleben über Bord geworfen haben.
Innerhalb von nur 20 Jahren haben wir in der westlichen Politik akzeptiert, daß ungeborenes Leben getötet wird; jetzt findet sich die öffentliche Meinung allmählich auch mit der Tötung von Alten und Kranken ab (Euthanasie), und beim Völkermord sehen wir der systematischen Vernichtung von Leben aus ethnischen Gründen zu. Keiner der Gründe für die Vernichtung des Lebens anderer Menschen ist für mich hinnehmbar. Darum drängt die Frage: Gibt es überhaupt Werte, an denen wir in der Politik des Westens festhalten und die wir auch weltweit fördern wollen, oder beurteilen wir Situationen, die nach ethischen Standards verlangen, nur noch nach politischen Zweckmäßigkeiten?
Eine Anthropologie, die jeden Menschen als in sich kostbar ansieht, mit einer unantastbaren Würde und einem Wert, der durch politischen Willen nicht zerstört werden kann, gebietet, daß auch unsere Einstellung zum menschlichen Leben auf festen Prinzipien beruht. Ich bin der Überzeugung, daß die Frauen die ersten sein müßten, die eine solche Sicht des Menschen fördern und verteidigen.
Dennoch gehören gerade auch Frauen zu denjenigen, die diese Prinzipien durch ihre Abtreibungspolitik untergraben. In den Ka-

piteln VI und VII befasse ich mich mit der Frage, wie Frauen die Schwächsten und die Unterprivilegierten, ja das Leben selbst, verteidigen können, wo sie doch dieser Aufgabe noch viel näher stehen als die Männer. Zugleich muß man sich fragen, warum Frauen weiterhin für die Abtreibung als ihr ureigenstes Recht eintreten und warum wir in dieser Hinsicht nicht ein wenig mehr Selbstkritik an den Tag legen.
Wir brauchen politische Macht, um in der Politik etwas zu verändern. Macht ist unentbehrlich und ist nicht leicht zu erlangen. Wir müssen darum kämpfen, oft sogar sehr hart. In der Politik weht ein scharfer Wind, erst recht ganz oben. Nur wenige von uns haben das natürliche Talent, das auszuhalten. Aber jede kann ihren kleinen Teil beitragen.
Wir brauen Macht, aber wozu? – Um ein Programm zu realisieren: Wir wollen Veränderungen in der Wahrnehmung und Bewertung von Arbeit: mütterlicher Arbeit, beruflicher und bezahlter Arbeit. Wir wollen humane und soziale Fragen auf die Tagesordnung setzen, wie etwa die Lebensbedingungen von Kindern und Frauen in anderen Teilen der Welt. Wir wollen der Wirtschaft ein menschlicheres Gesicht geben und friedliche Möglichkeiten zur Beilegung von Konflikten schaffen. Wir wollen die gewaltige Bedeutung des menschlichen Faktors aufzeigen und sicherstellen, daß die Menschenwürde im Zentrum aller Politik steht. Ich behaupte nicht, daß Männern dieses Programm fremd ist – aber ich glaube, daß Frauen besondere Gaben besitzen, um es voranzubringen.
Dies ist eine Vermutung – aber eine, die bislang nicht widerlegt ist.

---

1 F. Fukuyama, „Women and the Evolution of World Politics", Foreign Affairs, Bd. 77, Nr. 5, September/Oktober 1998, S. 30.

Kapitel II

Ich empfinde tiefes Mitgefühl für die Frauen, die für gleiche Rechte kämpfen. Wir wollen nicht vergessen, daß sie das schlimmste Martyrium auf sich nehmen, das es für Frauen gibt: lächerlich gemacht zu werden.

Sigrid Undset,
Et Kvinnesynspunkt, Oslo 1919

Feminismus für wenige

Feminismus für wenige – Mutterschaft und Berufstätigkeit auf der Frauenkonferenz in Peking

In Peking 1995 nahm ich an den Verhandlungen der wichtigsten Frauenkonferenz teil, die jemals von den Vereinten Nationen abgehalten worden ist. Fast zwei Wochen lang war ich von zu Hause fort; für meine Kinder war diese Zeit so lang wie nie. Mein Sohn Francis sollte gerade in die Schule kommen. Ich telefonierte jeden Abend mit ihm. Er fragte: „Wann kommst du wieder? Bist du hier, wenn ich meinen ersten Schultag habe?" Ich antwortete, ich käme bald, ich sei schon fast da, aber zum ersten Schultag – das müsse er einsehen – könne ich es nicht schaffen; schließlich befände ich mich am anderen Ende der Welt. Ich ermahnte ihn, ein tapferer Junge zu sein. Was ich hier zu tun hätte, sei wirklich ganz wichtig, und er möge das doch verstehen.

Francis verfiel in Schweigen. Seine Tante, die sich in der Zeit um unser Haus kümmerte, sagte mir kurz darauf: „Francis küßt jedesmal den Telefonhörer, wenn er mit dir gesprochen hat. Danach weint er."

Damit war die Entscheidung gefallen. Ich reiste drei Tage früher ab. Mein Delegationsleiter hatte großes Verständnis – vielleicht weil er als einer der ganz wenigen Männer sehr wohl wußte, wie wichtig eine Mutter ist.

Die Agenda des neuen Feminismus geht davon aus, daß die während der Mutterschaft und der Vaterschaft geleistete Arbeit anerkannt werden und daß sich diese Anerkennung widerspiegeln muß in Arbeitsbedingungen, die eine Verbindung von Familienleben und beruflicher Arbeit erlauben. Diese Verbindung ist der

Schlüssel für das Vorankommen der Frauen, doch dazu ist noch viel zu tun – sowohl im beruflichen wie im politischen Raum.
Die Emanzipation der Frau und die Frauenrechte sind im letzten Jahrhundert vor allem im Westen politisch vorangetrieben worden. Ein wichtiger Ausgangspunkt war Nordeuropa, besonders England und Skandinavien. Es ist eine relativ neue Erscheinung, daß Frauen im Beruf und in der Politik aktiv sind. Wie weit also sind wir gekommen? Hat uns der Feminismus genützt? Die Frauen brauchen politische Macht, um den Wandel herbeizuführen, der für eine echte Gleichstellung in den aus Kapitel I bekannten Sphären des Lebens nötig ist.
Sind wir in dem von mir definierten Sinne wirklich vorangekommen? Oder haben wir vielleicht sogar Rückschritte gemacht?

Um diese Frage einigermaßen erfahrungsgestützt beantworten zu können, schlage ich vor, daß wir uns einmal den Ablauf der vierten UN-Frauenkonferenz in Peking, die im September 1995 stattfand, etwas detaillierter ansehen. Ich war selbst als Unterhändlerin daran beteiligt, und zwar für den Heiligen Stuhl; das war zu der Zeit, als ich noch nicht in der norwegischen Politik tätig war.
Die Konferenz brachte führende Politikerinnen aus der ganzen Welt zusammen und war daher sowohl eine exzellente Gelegenheit, den bisherigen Fortschritt der Frauen zu ermitteln, als auch in sich selbst ein repräsentatives Beispiel für diesen Fortschritt.
Hat diese monumentale, zwei Wochen dauernde Konferenz das Los der Frauen verbessert? Es ist schwer, ein Urteil zu fällen, da wir keine Instrumente haben, um die politische Wirkung zu messen.
Das Abschlußdokument war ein unbeholfener Mischmasch aus politischen Absichtserklärungen ohne Anbindung an die Gesetzgebung. Die Interpretation seiner Bedeutung ist Sache der einzelnen Staaten.
Sicher war jedoch, daß diese Agenda kaum etwas von dem umfaßte, was ich für die wesentlichen Anliegen des neuen, modernen Feminismus halte: Mutterschaft und ihre existentielle Bedeutung für die Frauen, Mutterschaft und die damit verbundene erhebliche Arbeitsbelastung und die Frage, wie man Mutterschaft mit bezahlter Erwerbsarbeit kombinieren kann, und welche Pflichten der Staat in dieser Hinsicht hat.

Formelle und informelle Tagesordnung in Peking

Die Tagesordnung in Peking war in vielerlei Hinsicht einseitig ausgerichtet. Somit war das Ergebnis der Konferenz ebenso einseitig – trotz einiger wichtiger Ziele, die erreicht wurden.
Die Macht zur Festlegung der Tagesordnung erwies sich als für das Ergebnis von erheblicher Bedeutung. Jene, die größeren Anteil daran hatten, waren die Frauenlobbys innerhalb und außerhalb der UN.
Der Dokumentenentwurf behandelte mehrere Bereiche: Arbeit, Ausbildung, Gesundheit, öffentliches Leben usw. Aber die Auswahl der drängenden Fragen war innerhalb dieser Bereiche so angelegt, daß in aller Regel folgendes Bild der Frau entstand: diskriminiert in der Familie; durch das Gebären von Kindern belastet; in überproportionalem Maße von Krankheiten betroffen, die durch Geschlechtsverkehr übertragen werden; verstärkt nach legaler Abtreibung verlangend sowie nach Befreiung vom unterdrückenden Aberglauben der Religion.
Eine Methode, das „Recht" auf Abtreibung zu forcieren, war zum Beispiel, daß man von „sicheren" Abtreibungen sprach. Nur wenn Abtreibungen legalisiert würden, so hieß es, könnten sie auch „sicher" sein. Doch in Wirklichkeit sind alle Abtreibungen unsicher – insbesondere im Hinblick auf das Kind, das dabei getötet wird, aber auch für dessen Mutter. Illegale Abtreibungen sind in den reichen Ländern genauso sicher wie legale, da die modernen Methoden, einen Fötus abzutreiben, weit entwickelt sind; in den Entwicklungsländern dagegen würde eine Legalisierung die medizinische Technik jedenfalls auf kurze Sicht kaum sicherer machen. Das Argument, daß eine gesetzliche Freigabe der Abtreibung diese aus praktischen oder technologischen Gründen sicherer machen würde, ist somit falsch. Mit dem Aufkommen der Abtreibungspille verliert dieses Argument noch mehr an Gewicht.
Ebenso wurde im Gesundheitssektor so viel Betonung auf sexuell übertragbare Krankheiten gelegt, daß andere, noch weitaus wichtigere weniger Beachtung fanden, als sie eigentlich verdient hätten. Die sexuell übertragbaren Krankheiten sind nur ein kleiner Teil der Gesundheitsprobleme von Frauen. Tropische Krankheiten sind viel weiter verbreitet und wichtiger, insbesondere in den

Entwicklungsländern. Warum nahmen sie dann nicht einen prominenteren Platz auf dem Entwurf des Aktionsplans ein?
Auch im Abschnitt über Gewalt gegen Frauen wurde im Entwurf ein etwas einseitiges Bild gezeichnet. Körperliche Gewalt gegen Frauen umfaßt nicht nur die offensichtlichen Fälle von Vergewaltigung, Krieg, Genitalverstümmelung und Mädchenprostitution, sondern auch erzwungene Verhütung, Sterilisation und Abtreibung.
Aus vielen Entwicklungsländern läßt sich der Zwangseinsatz von Verhütungsmitteln dokumentieren, die oftmals ohne Wissen und ohne Zustimmung der Frauen verabreicht werden. In diesen Ländern gibt es gleichfalls Zwangssterilisationen infolge von gewaltsam durchgesetzten Bevölkerungsprogrammen, und sogar Zwangsabtreibungen kommen vor, wenn Frauen mehr Kinder haben, als der Staat zuläßt. Diese Praktiken verstoßen gegen sämtliche grundlegenden Menschen- und Frauenrechte und sind absolut unakzeptabel. Sie stellen eine schwere Form von Gewalt gegen Frauen dar.

Agenda-Macht für wenige?

Diese Beispiele zeigen, welche Macht zur Festlegung der Tagesordnung von wenigen ausgeübt werden kann. Hierzu gehört der politische Gebrauch der Sprache sowie die Auswahl der zu behandelnden Themen. Wer definieren darf, worin das jeweilige Problem besteht, der legt auch zu weiten Teilen die Lösungen fest. Da die Agenda, in diesem Falle der Entwurf für das Abschlußdokument, sich zuungunsten allgemeinerer Gesundheitsfragen sehr stark auf die Sexualität konzentrierte, war der nachfolgende Entscheidungsprozeß in hohem Maß bereits vorgegeben.
In Peking zielten nach meiner Auffassung und Analyse zwei der „versteckten" Tagesordnungen darauf ab, zum einen ein internationales Recht auf Abtreibung zu etablieren und zum anderen allmählich die Akzeptanz homosexueller „Familien" und lesbischer Mütter durchzusetzen, indem man den beschreibenden Terminus „Familie" durch die Mehrzahl „Familien" ersetzte.
Bei der UN-Konferenz über Bevölkerung und Entwicklung in Kairo 1994 hatte es bereits einen konzertierten Vorstoß gegeben,

sowohl ein internationales Menschenrecht auf Abtreibung einzuführen sowie Abtreibung als Methode der Familienplanung durchzusetzen. Dies konnte damals abgewendet werden.
Doch worüber man in Kairo sich noch hatte einigen können, das wurde in Peking gleichsam nur noch in Klammern gesagt. Das sollte heißen: Man war sich nicht mehr einig über das, was man ein Jahr zuvor beschlossen hatte. Einige westliche Regierungen, insbesondere die Europäische Union, eröffneten die Debatte von Kairo ein weiteres Mal, indem sie die vereinbarte Sprachregelung von damals, wonach Abtreibung kein Mittel der Familienplanung sei, in Frage stellten. Dies war jedoch nicht der Wille der meisten anderen Delegationen.
Alle Textvorschläge, die mehr enthielten als materialistische und individualistische Vorstellungen vom Menschen bzw. von der Frau, wurden von den westlichen Regierungen, angeführt von der EU, abgelehnt. So wurde zum Beispiel verlangt, das Wort „Würde“ zur Kennzeichnung der menschlichen Person zu streichen; die Einrichtung der Familie sollte durch den Plural ersetzt werden; alle Bezüge zu Ethik, Religion, moralischen oder geistigen Werten sollten aus dem Text entfernt werden; die Begriffe „Mutter“ und „Mutterschaft“ sollten nicht auftauchen; den Eltern sollte das Recht genommen werden, die Ausbildung ihrer Kinder selbst zu bestimmen und zu kontrollieren, insbesondere die Sexualerziehung und Angebote für die Heranwachsenden wie etwa Abtreibung. Damit verabschiedete sich die EU von der Sprachregelung, die man in Kairo und sechs Monate zuvor beim Sozialgipfel in Kopenhagen vereinbart hatte. Diese Liste ließe sich noch erheblich verlängern.
Ich war an den Verhandlungen über die Menschenrechte beteiligt und machte mir detaillierte Notizen über die verschiedenen Positionen. Die EU bestand stets auf einem materialistischen Bild der Person, völliger Freizügigkeit in Fragen des Lebensstils und der Förderung neuer „sexueller Rechte“, statt sich an das zu halten, was in Kairo besprochen worden war. In der Sozialpolitik aber, wo möglicherweise finanzielle Verpflichtungen zu übernehmen gewesen wären (Mutterschaftsurlaub, flexiblere Arbeitsbedingungen für Mütter, Schuldenerlaß für den armen Süden usw.), nahm die EU einen konservativen Standpunkt ein.

Arbeit und Bedeutung der Frau für die Familie

Ganz wenig nur steht im Pekinger Abschlußdokument über die Familie geschrieben. Familie war zum größten Teil überhaupt kein Thema, allerhöchstens dann, wenn sie als Institution zur Unterdrückung der Frauen angeprangert wurde. Ich könnte mich somit der Aufgabe, über dieses Thema zu schreiben, dadurch entledigen, daß ich mich einfach auf Paragraph 29 des sogenannten Peking-Reports beziehe, in dem es um die Familie geht. Demnach müßte ich zu dem Schluß kommen, daß Familie von geringer Bedeutung für die Frauen in der heutigen Welt sei, genau wie Mutterschaft an sich, die ebenso über weite Strecken aus dem Pekinger Dokument herausdefiniert wurde.

Ich meine dies natürlich zutiefst ironisch. Die Tatsache, daß gerade Familie und Mutterschaft bei einer UN-Weltfrauenkonferenz für relativ unwichtig erachtet werden, muß uns vielmehr alarmieren.

Die Agenda in Peking war gekennzeichnet durch diese Art der Akzentverschiebung. Schon ein oberflächlicher Blick auf den Entwurf des Abschlußdokuments enthüllte eine durchgängige Neigung zu aggressiv feministischem Individualismus: Männer wurden als Hindernisse für den Fortschritt der Frauen dargestellt, nicht als Mitarbeiter und gleich wichtige Hauptpersonen. Natürlich werden Frauen oft von Männern diskriminiert, aber aus dieser empirischen Tatsache kann man doch keine sinnvollen Schlußfolgerungen für die Anthropologie ziehen.

Zu dieser wurde nichts gesagt. Überhaupt wurde viel zu wenig darüber diskutiert, wie Frauen und Männer in der Familie kooperieren können, um die Herausforderungen des alltäglichen Lebens zu meistern, wenn es zwei Jobs außerhalb des Hauses und einen innerhalb zu bewältigen gilt.

Ebenso bezeichnend war der Mangel an Interesse für das Thema der unbezahlten Arbeit im Haushalt oder für die Rolle der Frau als Erzieherin ihrer Kinder. Kurz gefaßt: Der Familie schlug in Peking seitens vieler westlicher Regierungen, vor allem der EU, nur Gleichgültigkeit entgegen.

Um zu begreifen, warum das so ist, scheint es mir sinnvoll, einmal den politischen Prozeß nachzuzeichnen, der hinsichtlich der Familie im Westen abgelaufen ist. Die gegenwärtigen Angriffe auf die Familie, die in der westlichen Politik ohne Vorbild sind, haben mehrere Ursachen. Zum einen sind es verschiedene Interessengruppen, wie etwa Feministinnen, Homosexuelle und die Linke mit ihrer traditionellen Abneigung gegen die Familie usw. Diese Gruppen besitzen ganz konkrete Zielvorstellungen, wonach die politischen Privilegien der Familien, die bis vor kurzem in den westlichen Demokratien nicht hinterfragt waren, verändert werden sollen. Eine weitere Ursache, die zugleich die gegenwärtige Entwicklung erheblich fördert, ist der weit verbreitete Nihilismus in westlichen Gesellschaften.

Was in Peking geschah – oder auch nicht geschah –, ist ein direkter Reflex dieser Prozesse. Dazu gehören die Umdefinierung der Familie zu „Familien", die auch eingeschlechtlich sein können, die allgemeine In-Frage-Stellung der natürlichen Kompetenzen einer Familie, die Förderung des Individualismus auch innerhalb der Familie, die einzelne Familienmitglieder von den anderen isoliert, usw.

Der aggressive Feminismus der 70er Jahre stellte den „Geschlechterkampf" in den Vordergrund und machte die Frau zum Individuum mit einem ureigensten Recht auf Abtreibung (ohne Rücksicht auf den Vater oder das Kind) und mit einem Beruf außerhalb der Familie und des Zuhauses, ohne daß irgend etwas anderes überhaupt als Arbeit gewertet wurde.

Vieles von diesem Feminismus stammt aus Skandinavien, hat sich aber in den letzten Jahren vor allem als typisch für die amerikanische Spielart erwiesen. Interessant ist, daß diese der Familie entfremdete Sichtweise der Frau schon in öffentlichen Debatten in Norwegen um das Jahr 1912 herum auftaucht. Damals schrieb Sigrid Undset, deren Zitate ich den Kapiteln dieses Buches vorangestellt habe, meisterhafte Polemiken gegen jene Ideologie, die Frauen als Mütter und Mittelpunkt der Familie zu verdrängen suchte. In der Zwischenkriegszeit ging sie gegen die politischen Bestrebungen vor, den Wert der häuslichen Arbeit und der Kinderfürsorge zu bestreiten, sowie gegen den Trend, den Eltern das Recht zur verantwortlichen Erziehung ihrer Kinder zu nehmen, vor allem, wo es um Sexualerziehung ging. Sie griff den Feminismus an, weil er die Bedeutung der Mutterschaft und des Familienlebens nicht nur vernachlässigte, sondern geradezu feindselig betrachtete.[1]

Der politische Prozeß, der die Autorität und den Stellenwert der Familie in Europa untergräbt, ist also schon seit langem im Gange. Heute erleben wir, daß genau dieselben Themen in verschiedenen Teilen Europas und der übrigen Welt diskutiert werden und daß der Westen diese sogar auf die Agenda der Vereinten Nationen bringt.

Die politischen Konflikte, die sich daraus ergeben, sind ebenfalls allesamt nicht neu. Schon immer haben die Linkssozialisten und Kommunisten die „bourgeoise" Familie in Europa angegriffen, doch das ist heute nicht das Hauptproblem. Dieses besteht vielmehr in dem fehlenden Verständnis für bzw. im schwachen Glauben an die Familie und daran, daß diese eine natürliche Einrichtung ist, die auch vom Staat bevorzugt behandelt werden sollte.

Der traditionelle Schutz der Familie in allen Gesellschaftsformen spiegelt die empirische Wirklichkeit aus Tausenden von Jahren menschlicher Erfahrung wider. Er ist auch in UN-Dokumenten festgeschrieben, an erster Stelle in der Universalen Erklärung der Menschenrechte. Die natürliche Familie basiert auf der heterosexuellen Vereinigung von Mann und Frau (wie sie in allen Kulturen und Religionen bekannt ist), aus der Kinder entstehen. Die Tatsache, daß als Ergebnis dieser Verbindung Kinder zur Welt kommen, ist eine natürliche Gegebenheit. Es gibt somit keinen Zweifel, daß die Familie eine vor-politische und zugleich nicht-politische Institution ist. Dennoch besteht in der westlichen Politik ein irritierender Trend dahin, die Familie neu zu definieren oder sogar zu behaupten, die Familie lasse sich gar nicht in ihrer Substanz definieren.

Eines Tages saß ich in Peking außerhalb des Plenarsaals und hörte von drinnen langanhaltenden Applaus und regelrechte Ovationen. Beifall aus dem Plenum war etwas ganz Ungewöhnliches. Eine Rednerin hatte soeben ein Lob auf die „lesbische Mutterschaft" ausgebracht, und man merkte: Die Zuhörerinnen waren nicht ganz so zufällig da.

Familie als soziales Konstrukt oder als naturgegebene Institution?

Der weitgehend nicht hinterfragte Rückhalt für die Familie in der Politik westlicher Staaten ist somit in unserer Zeit bedroht durch die Angriffe gegen ihre Natürlichkeit, indem man sie dekonstruiert, sowie durch die traditionellen Kampagnen gegen die „bürgerliche" Familie. Letztere sind traditionell in dem Sinne, daß sie sich mühelos in das Kontinuum der linken Ideologie einfügen lassen nach dem Motto: „Wie unabhängig sollte die Familie sein? Welche Rolle sollte der Staat in der Familie spielen?"

Ich nenne diese Fragen traditionell, weil sie ihren Ausgangspunkt im Bestehen der Familie als einer naturgegebenen Institution nehmen oder zumindest als einer vorgegebenen, empirischen Tatsache. In Peking ging der Trend jedoch dahin, sich von dieser empirischen Tatsache zu entfernen und sie als irrelevant hinzustellen. Familie ist demnach das, was ich subjektiv als solche bezeichne. Es gibt nichts Naturgegebenes daran, wie es überhaupt nichts Naturgegebenes gibt. Die Wirklichkeit ist gesellschaftlich konstruiert – so lautet das erste philosophische Prinzip dieser Denkrichtung.

Diesen Trend findet man nicht nur in philosophischen Fakultäten oder als intellektuelle Mode in akademischen Zirkeln, sondern er ist unter den Meinungsführern in Nordeuropa und den Vereinigten Staaten weit verbreitet. Er manifestiert sich in der Relativierung aller Dinge, sei es in der Ethik, in der Politik oder im Lebensstil.

Die Vorstellung einer eingeschlechtlichen Familie wird akzeptiert, sobald genug Menschen sich dafür aussprechen und eine gewisse Zeitspanne verstrichen ist, innerhalb derer diese Konzeption „reifen" kann. Was gewöhnliche Menschen davon halten, wird normalerweise nicht veröffentlicht, weil diese sich selbst für nicht so gebildet und wortgewandt halten. Die Eliten aber sind die wirklichen Wortverdreher in dieser Auseinandersetzung. Ein Argument, das ich vor einiger Zeit hören mußte, kam von einer norwegischen Kinderpsychologin, die behauptete, es sei besser für ein Kind, bei einem lesbischen Paar aufzuwachsen, denn „zwei Mütter sind besser als eine".

Bei den beiden großen UN-Konferenzen in Kairo und Peking war das politische Bestreben, die Familie umzudefinieren, unverkennbar. Dahinter standen westliche Regierungen, wobei in Peking die EU als Hauptakteur auftrat. In Kairo hatte es Versuche gegeben, den Ausdruck „die Familie" – für die Institution der natürlichen Familie – durch „eine Familie" zu ersetzen; in Peking sprachen die EU-Vertreter anstatt von „die Familie" durchweg von „Familien" im Plural. Damit sollte vermittelt werden, daß es keine substantielle oder wesensmäßige Definition der Familie gebe, sondern daß jede Art von gemeinsamem Haushalt Familie sei.

Wenn der Staat wertneutral ist, wie ihn heute viele sehen, und Toleranz der höchste Wert ist, dann wäre diese Entwicklung begrüßenswert. Wenn sich darin doch der Wille einer Mehrheit in den Parlamenten jener Länder widerspiegelt – wer möchte dann dagegen sein? Man muß sich in der Tat schon sehr anstrengen, um angesichts der Vorgaben unserer liberalen Demokratien einen stichhaltigen Einwand vorzubringen.
Wer daran festhält, daß die auf einer heterosexuellen Verbindung beruhende Familie die natürliche und daher vom Staat eigens zu schützen ist, muß sich daher seine Argumente anderswo suchen. Die Tatsache, daß die natürliche Familie von jeher vom Staat geschützt worden ist – wie es ja auch in der UN-Erklärung der Menschenrechte von 1948 unter dem Artikel 16 festgelegt ist –, wird allzu schnell mit der Entgegnung pariert, daß frühere Verpflichtungen durch die Entwicklung und fortschreitende Aufklärung überholt seien.
Homosexuelle „Eltern" bekommen heute Kinder durch Geburt oder Adoption. Die Interessengruppen der Homosexuellen haben das „Recht" auf Adoption auf ihr Programm gesetzt, und da die westlichen Gesellschaften auf dem Gebiet der Sexualität keine normativen Werte mehr besitzen, fehlen die Argumente, um Heterosexualität als die Regel, Homosexualität als die Ausnahme herauszustellen.
Da die moderne Technik die Zeugung eines Kindes mehr und mehr von der heterosexuellen Vereinigung zweier Partner löst, wird auch die Verbindung zwischen natürlicher Empfängnis und Heterosexualität geschwächt. Zwar haben alle Kinder weiterhin

eine biologische Mutter und einen biologischen Vater, doch dies wird zunehmend als irrelevant angesehen. Jeder kann Mutter oder Vater sein, wenn Mutterschaft und Vaterschaft nichts weiter sind als gesellschaftlich konstruierte Rollen. Wenn es daran nichts Natürliches gibt, ist auch nicht einzusehen, warum Vaterschaft und Mutterschaft für das Kind überhaupt notwendig sein sollten. Das Kind könnte doch ebensogut zwei Väter oder zwei Mütter haben, wenn es zwischen den Geschlechtern keinen wesensmäßigen und natürlichen Unterschied gibt.

Eine solche Entwicklung ist nur möglich, wenn die Frau als Mutter isoliert von jeder Art von Beziehung mit einem Mann betrachtet wird. Mutterschaft ist dann nur noch eine individualistische Vorstellung, keine auf Beziehungen gegründete mehr.

Frau und Familie in Peking

In Peking wurde die Frau durchweg isoliert von ihrer Position in der Familie betrachtet. Das entspricht voll und ganz der Entwicklung des westlichen Feminismus, zu dessen Hauptforderungen es gehörte, die Frauen aus der Unterdrückung als Hausfrauen und Mütter sowie aus der Abhängigkeit von ihren Ehemännern zu „befreien" – Unabhängigkeit ist wichtig. Aber sie gilt eben auch für den Umgang mit den natürlichen Voraussetzungen des Lebens: Ehe und Familie!

Im Abschlußdokument von Peking wurde der Familie nur ein Absatz gewidmet. Im Entwurf stand dieser in Klammern,[2] wie auch alle anderen Passagen, die mit Familie, Mutterschaft, Religion, ethischen und geistigen Werten usw. zu tun hatten. In dem Absatz (§ 30 im Entwurf) wurde der Beitrag der Frauen zur Familie gewürdigt („Frauen spielen eine entscheidende Rolle in der Familie"); auch wurde erwähnt, daß dieser Beitrag, der ja auch der Gesellschaft zugute komme, nicht in vollem Umfang zur Kenntnis genommen werde. Dieser „harmlose" Text wurde jedoch zum Anlaß für langwierige Verhandlungen in sogenannten Kleingruppen, wo alle kontroversen Fragen irgendwann landeten. Schließlich faßte man ihn gegen Ende der zweiwöchigen Konferenz in wesentlich unverbindlichere Sprache.

In dem modifizierten Text fand sich zwar immer noch die Rolle der Mutterschaft wieder, aber jetzt sollte nur noch deren „soziale Bedeutung“ anerkannt werden (§ 29 des Dokuments).[3]
Darüber hinaus gab es keine verbindliche Verlautbarung zur Familie als Institution. Die Tatsache, daß vor allem in Entwicklungsländern die Familie von zentraler Bedeutung für die Frauen ist, fand kaum Aufmerksamkeit, ebensowenig die Tatsache, daß Frauen in Großfamilien eine erhebliche Arbeitsleistung zu erbringen haben. Ihr Arbeitsplatz ist die Familie, doch das wird nirgendwo anerkannt, weder im Norden noch im Süden der Welt. Statt dessen klang bei fast jeder Erwähnung der Familie eine gewisse Feindseligkeit durch. In Paragraph 187 des Entwurfs wurde ein Text vorgeschlagen, der davon sprach, Ungleichheit könne häufig „innerhalb der Familie, wenn die Machtverhältnisse zwischen Männern und Frauen nicht ausgeglichen sind“, beginnen oder alternativ „durch diskriminierende Einstellungen und Handlungen innerhalb der Familie“.
Was für eine Wahl: hier die angebliche Unterdrückung durch die Ehemänner, dort die strukturelle Diskriminierung innerhalb der Familie. Die Gruppe der Entwicklungsländer versuchte daraufhin, die Sache zu erleichtern, indem sie vorschlug, „Familien“ in die Mehrzahl zu setzen, statt die Familie als einzelne Institution zu behandeln. Somit konnten wir vermeiden, daß die Familie an sich als diskriminierend gebrandmarkt wurde – auch wenn manche Familien es, wie wir alle wissen, sehr wohl sein mögen.
Ein anderes Beispiel ist die Weigerung, die unbezahlte Arbeit zu Hause zu erwähnen und an der Ungerechtigkeit dieser Situation etwas zu ändern. Die westlichen Regierungen machten hier überhaupt keine Zusagen und zeigten wenig oder gar keine Bereitschaft, sich dieser Frage anzunehmen. Der äußerst „schwache“ Text im Entwurf (§ 158), daß die Arbeit der Frauen im Haushalt „häufig unterbewertet und unbeachtet“ sei, war umstritten und stand nur in Klammern. Der Abschlußtext nannte zwar das Problem, doch es gab keine Verpflichtungen hinsichtlich einer Lösung.

Die Lehre aus Peking

Am Ende hatten wir ein unausgeglichenes Dokument in Händen. In fast allen sozialen Belangen, die den Unterzeichnerstaaten irgendwelche Verpflichtungen aufbürden könnten, war es konservativ; die Sprache war sehr weich, wo es um gesetzliche Gleichstellung, Maßnahmen zur Armutsbekämpfung, Zugang für Frauen und Mädchen zu Bildungseinrichtungen, Maßnahmen gegen die Ausbeutung der Frauen in den Medien, gegen strukturelle Gewalt, gegen Waffenhandel und Auswirkungen bewaffneter Konflikte ging.

Nur wenig war von den Ressourcen die Rede, die zur Förderung der Frauen eingesetzt werden sollten – am allerwenigsten für die Entwicklungsländer. Das schreckliche Unrecht, das Mädchen angetan wird (von der Abtreibung aufgrund des „falschen" Geschlechts über Genitalverstümmelung bis hin zur fehlenden Ausbildung), fand viel zu wenig Aufmerksamkeit. Die Tatsache, daß 47 Staaten Vorbehalte gegen den Abschlußtext anmeldeten, ließ es nahezu aberwitzig erscheinen, hier von einem Konsens zu sprechen. Die Substanz des Dokuments ähnelt vielmehr einem Schweizer Käse.

Was können wir aus dem Beispiel Peking lernen? Ich glaube, die meisten normalen Frauen werden meinem Urteil zustimmen, daß diese Konferenz sich nicht sehr stark um die Alltagsprobleme der Frauen gekümmert hat. Die meisten von uns werden kaum das Gefühl haben, daß sie noch mehr sexuelle Befreiung oder neue Mittel im Kampf gegen unterdrückerische Ehemänner brauchen. Was wir brauchen, sind Mittel, die uns helfen, Mütter und Arbeitnehmerinnen zu sein; genug Zeit und Kraft zu haben, um in der sehr schwierigen Situation unserer modernen Gesellschaft Kinder großzuziehen; und anerkannt und professionell entlohnt zu werden in einer Arbeitswelt, in der vor allem die Männer die Regeln setzen. Uns interessieren die meisten Randthemen gar nicht, von denen man uns in Peking weismachen wollte, sie gingen uns alle an; aber wir hätten dort vielleicht härter arbeiten und mehr Präsenz zeigen müssen, um den Fokus auf die alltäglichen Probleme der Frauen zu lenken.

Die Grundidee einer solchen Konferenz ist großartig. Eine solche Gelegenheit, um wirklich an den Frauenfragen auf globaler Ebene zu arbeiten, ist dringend nötig, und ich wünschte, mehr Männer wären bei den Diskussionen anwesend gewesen, die auch sie angingen. Wir sollten also dieses wichtige Forum der Vereinten Nationen nutzen, um die Themen aufzugreifen, die uns in unserem Alltagsleben wirklich betreffen. Wir selbst sind schließlich verantwortlich für das, was bei solchen politischen Prozessen herauskommt – wenn uns das nicht gefällt, müssen wir uns dafür auch selbst die Schuld geben. Darum hoffe ich, mit diesem Kapitel Mut gemacht zu haben, damit wir in Zukunft bei weiteren Konferenzen dieser Art mehr Initiative zeigen, anstatt nur über die Ergebnisse zu klagen.

---

1 Sigrid Undset, Et Kvinnesynspunkt, Oslo 1919.

2 Das bedeutet, daß irgendeine Regierung gegen diesen Text Einwände hatte und ihn streichen lassen wollte. Fast ein Drittel des Textentwurfs von Peking stand in Klammern – Rekord für eine UN-Konferenz. Daraus lassen sich die großen Meinungsunterschiede ablesen, die dort bestanden. Am Ende meldeten 47 Regierungen Vorbehalte an. Auch das ist ein Rekord. Das zeigt, daß in der Weltgemeinschaft dauerhafte, tiefe Unterschiede in den Auffassungen über das ganze Abschlußdokument bestehen.

3 UN-Report über die Vierte Welt-Frauenkonferenz, 17. 10. 1995

Kapitel III

Mutterschaft ist nicht irgendeine Art von Job. Mutterschaft ist das Leben selbst. Kein normaler Mensch kann sich bezahlte Mutterschaft vorstellen.

Sigrid Undset,
Et Kvinnesynspunkt, Oslo 1919

Bedeutung des Mutterseins

Die zentrale Bedeutung des Mutterseins

Einführung: Warum Mutterschaft für die Gesellschaft essentiell ist

Mutterschaft zieht Rechte nach sich. Mutterschaft ist essentiell für das Überleben der Gesellschaft. Ohne Mütter würden wir nicht existieren. Allein Mütter haben das einzigartige Privileg, neun Monate lang den Fötus in ihrem Körper zu nähren, danach das Kind noch für einige Zeit länger zu stillen und all die Arbeit zu tun, die aus den tausendundeins alltäglichen Kleinigkeiten praktischer und geistiger Art besteht, die Kinder brauchen. Sie haben auch die schwere Aufgabe, die Heranwachsenden zu erziehen und später müssen sie sich oft genug wiederum um deren Kinder kümmern.

Natürlich leisten auch Väter einen Großteil dieser Arbeit, doch bei weitem nicht so viel wie die Mütter. Mutterschaft ist in gewisser Weise noch wichtiger als Vaterschaft, etwa auf der rein praktischen Ebene von Schwangerschaft, Geburt und Stillzeit, aber auch in körperlicher und emotionaler Hinsicht, solange die Kinder noch sehr klein sind.

Mutterschaft ist von Vaterschaft verschieden, aber beide ergänzen sich. Allen Eltern leuchtet das ein.

Ich schreibe in diesem Buch nicht sehr viel über Vaterschaft. Dieses Buch handelt von Frauen und von der Bedeutung der Mutterschaft im besonderen. Doch das heißt nicht, daß Vaterschaft für die Familie weniger bedeutsam wäre. Vaterschaft ergänzt die Mutterschaft, doch in vielen traditionellen Familien ist sie bislang unsichtbar gewesen. Erst in meiner Generation haben Väter angefangen, wirklich an Kindererziehung und Hausarbeit teilzuneh-

men. Jetzt kommt es darauf an, die Vaterschaft zu stärken, durch politische Begleitmaßnahmen zu stützen und einen Wandel in den Einstellungen herbeizuführen, so daß Väter in ihren Familien und bei der damit verbundenen Arbeit volle Verantwortung übernehmen können. Nur so können die Frauen echte Gleichstellung mit den Männern erreichen. In Skandinavien sind wir in dieser Richtung schon weit vorangekommen, aber in anderen Teilen Europas und weltweit bleibt noch viel zu wünschen übrig.
Vaterschaft verdiente Thema eines anderen Buches zu sein, doch ich als Frau fühle mich ausgesprochen ungeeignet dafür, es zu schreiben.

Was ist Mutterschaft?

Als Mutter von vier Kindern weiß ich, was Mutterschaft ist, welche Arbeit damit verbunden ist und wie wichtig sie für das Leben der Kinder ist. Aber ich weiß auch, daß der Mutterschaft heute, zumindest in der westlichen Welt, immer weniger Achtung entgegengebracht wird und daß ihr seitens der politischen Entscheidungsträger keine selbstverständliche Unterstützung mehr sicher ist. Man nimmt die Arbeit der Mütter einfach als gegeben hin – wie immer.
Doch was ist Mutterschaft? Diese Frage mag sich seltsam anhören, doch heute ist nicht mehr offensichtlich, was Mutterschaft ist. Unseren starken Urgroßmüttern wäre eine solche Frage unsinnig erschienen; sie hatten gewöhnlich sehr viele Kinder, mußten körperlich hart arbeiten, hatten einen Bauernhof oder ein großes Haus zu unterhalten und waren die Lehrerinnen ihrer Kinder in praktischer wie geistiger Hinsicht. Jeder wußte damals, was eine Mutter war. Sie war eine maßgebliche Institution in der Familie wie in der Gesellschaft.
Heute dagegen wird die Mutterschaft in verschiedenster Weise angegriffen. Staatliche Gewalten wollen die Stärke der Familie untergraben, Feministinnen wollen die Frauen aus dem Zusammenhang der Familie herausreißen, Befürworter eines Lifestyle-Pluralismus wollen der Familie den privilegierten Platz in der Gesellschaft nehmen.

Der Feminismus der 70er Jahre sprach der Mutterschaft jeden Status und jeden Respekt ab. Mutterschaft wurde zu einem Schimpfwort, das eine passive und zurückgebliebene Frau bezeichnete, die nur zu Hause blieb und dumm genug war, viele Kinder zu kriegen. Diese Frau hatte nicht begriffen, daß ihr wirkliches Glück und ihre „Selbstverwirklichung“ darin lagen, außerhalb der eigenen vier Wände zu arbeiten und sich möglichst weit von der Institution der Familie zu distanzieren.
Dieser primitive Feminismus ist heute in rasantem Aussterben begriffen, auch im „fortschrittlichen“ Westen, selbst wenn sich hier und da noch einige traurige Überbleibsel davon halten. Die Frauen meiner Generation haben die herausragende Bedeutung der Mutterschaft für die Identität, das Glück und das ganze Leben einer Frau wiederentdeckt. Wir haben wieder mehr Kinder und leben nicht in dem Gefühl, daß die Arbeit mit Kindern Zeitverschwendung sei. Im Gegenteil: Wir erleben, daß die Bedeutung der Mutterschaft für die Kinder und für unsere Gesellschaft niemals größer war als heute. Der Einfluß des alten Feminismus ist allerdings noch vorhanden und bringt andere Angriffe gegen die Mutterschaft mit sich, die ich später erörtern werde.

Frauen, die auch Mütter sind, haben wenig oder gar keine Zeit für politische Arbeit. Als Politikerin empfinde ich selbst es auch als schwierig, diese Arbeit mit meiner Aufgabe als Mutter zu vereinbaren. Es besteht ein fortwährender Konflikt, von dem ich nicht weiß, wie er zu lösen wäre – wenn dies überhaupt möglich ist. Trotzdem sind wir es, die auf die heutige Politik und Gesellschaft Einfluß nehmen müssen. Es ist wichtig, daß wir Wege finden, um das zu schaffen. Ebenso wie Mütter sollten aber auch Väter von kleinen Kindern in der Politik das Sagen haben.

Mütter wissen genau um die existentielle Bedeutung der Mutterschaft, weil sie Schwangerschaft, Geburt, Stillzeit und all die andere Arbeit mit Kindern direkt erfahren. Nachdem ich zum ersten Mal entbunden hatte, sagte ich zu mir selbst: „Jetzt habe ich vor nichts mehr Angst und mir ist alles möglich.“ Der körperliche Schmerz und dann die unbeschreibliche Freude über jenes Wunder, bei dem ein Kind aus einem gewöhnlichen menschlichen

Körper hervorgeht, sind eine Form von Teilhabe am Akt der Schöpfung, wie sie direkter nicht möglich ist. Daraus leiten sich jene Stärke, wie sie nur Frauen eigen ist, und der besondere Status her, auf den Mutterschaft einen Anspruch hat.
Mutterschaft gibt Kraft, aber sie erfordert auch Kraft – körperlich ebenso wie geistig.

In allen Kulturen und Religionen hat Mutterschaft eine besondere Stellung und eigene Rechte genossen. Nur in der heutigen Zeit erlebt sie als Institution eine Krise in vielen Teilen der Welt, vor allem im „fortschrittlichen" Westen.
Ich möchte nicht zu pessimistisch klingen, doch ich mache mir Sorgen über das, was ich um mich herum sehe. In wenigen Jahren werden einige meiner Kinder Heranwachsende sein. Die Kinder von heute, zumindest in vielen westlichen Gesellschaften, sind auf sehr konkrete Weise einer nihilistischen Umwelt ausgesetzt: es gibt keine moralische Autorität in der Gesellschaft, die gut und böse auseinanderzuhalten lehrt. In den meisten westlichen Ländern schwindet der Einfluß der Kirchen, während die Massenmedien Sex und Gewalt verbreiten, und gleichzeitig ist die Familie dermaßen geschwächt, daß sie dagegen kaum noch ein Bollwerk oder auch nur ein Gegengewicht schaffen kann.
Im Sommer 1997 machte ich mir einige Monate lang genaue Notizen über die Themen, die die Medien beherrschten, um zu sehen, was für eine Art von „Umgebung" sie anzeigten: Es ging um Sex, insbesondere Pädophilie, und Kinderprostitution. Hier gibt es eine Entwicklung in Richtung eines totalen Nihilismus in sexuellen Dingen: Homosexualität, Prostitution und „Grenzfälle" im Hinblick auf Pädophilie werden von den gesellschaftlichen Normen nicht länger verurteilt, sondern genießen intensive Aufmerksamkeit seitens der Medien und die Unterstützung einer Mentalität des freien Marktes, die Werte nur noch den Dingen beimißt, die man kaufen oder verkaufen kann.
Angesichts dieses Normenverfalls frage ich mich, wie ich meine Kinder schützen kann. Wie kann ich dafür sorgen, daß sie sich zu sexuell gesunden Menschen entwickeln, und wie kann ich ihnen ganz allgemein eine feste normative Grundlage geben, wenn die Gesellschaft dieser feindselig oder gleichgültig gegenübersteht?

Der Kampf dagegen ist nur zu führen, wenn die menschliche Person mit Achtung behandelt wird, und diese Achtung wiederum kann nur wachsen, wenn man versteht, was menschliche Würde bedeutet. Der Wegfall aller sexuellen Normen in der westlichen Gesellschaft ist ein Symptom für eine Sicht des Menschen, die diesen instrumentalisieren will; nicht nur die Frauen, sondern zunehmend auch die Kinder werden zu Opfern der Selbstsucht von Erwachsenen.

Darum leiden Kinder in modernen westlichen Gesellschaften heute auf ganz neuartige Weise: Sie erleben den emotionalen Zusammenbruch, wenn Eltern sich scheiden lassen, und sind infolgedessen oftmals des Kontakts mit ihren Großeltern, Geschwistern und einem der beiden Eltern beraubt; ihnen wird eine gute und stabile Kindheit vorenthalten zu einer Zeit, in der diese notwendiger ist als jemals zuvor in der Menschheitsgeschichte.

Aus genau diesen Gründen ist Mutterschaft heute von äußerster Wichtigkeit für die Zukunft der Gesellschaft. Nichts ärgert mich als Mutter mehr, als wenn ich Kinder leiden sehe, und nichts gehört so sehr zu den natürlichen Rechten einer Mutter, als alles zu tun, um dieses Leid zu stoppen.

Die „natürlichen" Rechte der Mütter

Das Recht auf Unterstützung durch die Gesellschaft

Vor diesem Hintergrund wenden wir uns nun der Frage nach den Rechten infolge der Mutterschaft zu: Welche Rechte für Mütter gibt es? Und welche Pflichten?
Um der Pflicht, die eigenen Kinder heranzubilden, nachkommen zu können, brauchen wir Mütter die Unterstützung der Gesellschaft, und zwar sowohl in normativer als auch in praktischer Hinsicht. Dieses Recht ist Voraussetzung für alle anderen. Nie zuvor war die Familie so wichtig für die Erziehung der Kinder, doch zugleich war sie nie zuvor so bedroht und so geschwächt.
Die Familie als die zentrale Institution der Gesellschaft, als ihre Keimzelle, ist auf zweierlei Arten angegriffen: Erstens haben po-

litische Kräfte in vielen Staaten die Familie allmählich als bürgerliche Institution geschwächt, indem sie den Eltern die Freiheit der Erziehung ihrer Kinder streitig gemacht oder den Heranwachsenden dieselben Rechte wie den Erwachsenen zugesprochen haben. In meinem Land zum Beispiel gab es einen Vorschlag, 15jährigen Jugendlichen das Recht auf volle sexuelle Selbstbestimmung zuzusprechen, weil man davon ausgeht, sie hätten in diesem Alter bereits ein Geschlechtsleben. Interessanterweise folgte jedoch ein Aufschrei der Empörung auf diesen Vorschlag. Das Beispiel zeigt, daß der Staat sich die Vollmacht nehmen kann, die Grenzen der Kindheit zu bestimmen und damit die Rechte der Elternschaft und die elterliche Autorität zu beschneiden.

Der alte Typus der staatlichen Intervention im Sozialismus stellt einen ideologischen Angriff auf die Familie dar, der darauf abzielt, diese politisch zu vereinnahmen. Überreste dieser Ideologie existieren immer noch, doch glaube ich, daß die zweite Art der Bedrohung für die Familie viel schwerwiegender ist. Sie ist nicht ideologischer Natur, sondern besteht in der Auflösung der Familie aufgrund verschiedener gesellschaftlicher Trends und Interessengruppen. Diese wiederum üben – häufig in Form sogenannter „single issue"-Gruppen, die nur für ein Anliegen kämpfen – Druck auf die Politiker aus, um die Anerkennung von Minderheiten-Positionen in Form neuer Rechte durchzusetzen.

Familie und Mutterschaft zum Beispiel werden auf diesem Wege zu leeren Begriffshülsen, wenn man Familie nur noch als eine Gruppe von Personen definiert, die zufälligerweise zu einer bestimmten Zeit zusammenleben, und wenn Mütter und Väter infolge von Ehescheidungen und lockerem Zusammenleben ausgetauscht oder Kinder vorschnell zu jungen Erwachsenen gemacht werden, weil sich niemand wirklich für ihre Erziehung verantwortlich fühlt.

Die sozialen Verhaltensweisen, die in solchen „Familien" üblich sind, führen dann zu deren politischer und rechtlicher Anerkennung. Die Ursachen dafür sind allerdings weitaus diffuser als bei den früheren ideologisch ausgerichteten Angriffen gegen die bürgerliche Familie und daher auch viel schwieriger zu bekämpfen.

Noch in anderer Hinsicht macht es die Gesellschaft der Mutterschaft schwer: Es ist wirtschaftlich nahezu unmöglich, eine Familie mit mehreren Kindern zu unterhalten. Auch dies ist eine Art, Mutterschaft gar nicht zur Verwirklichung kommen zu lassen: indem man steuerliche Systeme entwirft, die die Frauen dazu zwingen, einer bezahlten Berufsarbeit nachzugehen (was in fast ganz Europa heute der Fall ist).[1] Eine andere Methode besteht darin, durch sozialpolitische Maßnahmen die Frauen davon abzubringen, daß sie mehr als ein Kind zur Welt bringen. Entwicklungshilfeprogramme für Länder der Dritten Welt enthalten oftmals Klauseln, die den Regierungen solche Maßnahmen zur Pflicht machen.

Es sollte darum ein Recht auf ein Einkommen geben, das ausreicht, um eine Familie zu unterhalten, ein „Familieneinkommen". Dies muß auch bei einem Geldverdiener möglich sein, so daß jeweils die Mutter oder der Vater die Wahl haben, sich ganz der Kindererziehung zu Hause zu widmen. Es sollte aber auch ein Recht auf diese freie Wahl geben. Es sollte aber auch die freie Möglichkeit gegeben sein, außer Haus berufstätig zu sein, ohne irgendwelche Benachteiligungen befürchten zu müssen.

Die Gesellschaft sollte dafür kämpfen, daß das Recht auf ein Familieneinkommen Realität wird. Zur Zeit wird darüber, was nicht weiter überraschen dürfte, weder im Westen noch sonstwo ernsthaft diskutiert.

Das Recht auf Nichteinmischung in Fragen der Fortpflanzung

Das vornehmste Recht der Mutterschaft muß logischerweise sein: die eigenen Kinder zur Welt bringen zu dürfen und nicht durch Zwangsverhütung oder -abtreibung daran gehindert zu werden. Das bedeutet, daß die Eltern selbst darüber entscheiden, wann sie Kinder haben möchten und wie viele.

Einer der beunruhigendsten Eindrücke in Peking war das, was von Interessengruppen und Forschern über Zwangsabtreibungen, Zwangssterilisationen und Zwangsverhütung bei Frauen in Entwicklungsländern vorgetragen wurde. In vielen Entwicklungsländern wird den Frauen ihr Recht vorenthalten, die Kinder zu bekommen, die sie haben möchten. In einigen Staaten gibt es harte

Strafen für alle, die mehr als ein Kind haben, und die Frauen werden gezwungen, eine Abtreibung vornehmen zu lassen, wenn sie, nachdem sie ihre „Quote" an Kindern erfüllt haben, nochmals schwanger werden.
In diesen Kulturkreisen wollen die Eltern vor allem Jungen haben: Wenn schon nur ein Kind, dann soll dieses wenigstens männlich sein. Dies diskriminiert die Frauen in doppelter Weise: Sie sind gezwungen, nur ein Kind zur Welt zu bringen, und dies soll auch noch in vielen Fällen ein Junge sein. In einigen Staaten werden Mädchen bis heute systematisch diskriminiert: durch Abtreibung weiblicher Föten, Tötung neugeborener Mädchen oder durch Aussetzung von Mädchen.
Diese schrecklichen Praktiken sind allerdings nur die Auswüchse von repressiven Systemen, mit denen auch in anderen Staaten, wenn auch auf weniger gewaltsame Weise, Einfluß auf die Fortpflanzung genommen wird. Das lebenswichtige Recht der Eltern, über die Zahl ihrer Kinder selbst zu entscheiden, ist somit auch dort beschnitten.
So interveniert der Staat in der Familiensphäre, indem er die Kinderzahl in unakzeptabler und unterdrückerischer Weise reglementiert. Dadurch sind Frauen ganz fundamental und existentiell betroffen. Trotzdem wurde dieser Verletzung der Mütterrechte in Peking keine große Bedeutung beigemessen. Viele westliche Feministinnen zogen es vor, diese Realität gar nicht erst zur Kenntnis zu nehmen, und richteten ihre Aufmerksamkeit lieber auf das „Recht" auf Abtreibung statt auf das Recht, nicht zum Opfer einer Abtreibung zu werden.

Das Recht auf Berufstätigkeit ohne Diskriminierung

Beim Blick auf die zeitgenössische Wirklichkeit fällt auf, daß kaum politische Maßnahmen getroffen werden, um dieses Recht zu sichern. Das gilt für alle Staaten, seien sie nun „modern" oder nicht. Mütter, die auch einer Berufstätigkeit nachgehen oder am politischen oder öffentlichen Leben aktiv teilnehmen, müssen auf ihrem Recht bestehen, daß ihre besonderen Bedürfnisse in den Arbeitsbedingungen und in den sonstigen Lebensumständen berücksichtigt werden, damit sie voll an diesen Sphären teilhaben können.

Das erfordert unter anderem, daß Frauen nicht diskriminiert werden, wenn sie sich für einen bestimmten Job bewerben. Es dürfen ihnen nicht Fragen gestellt werden wie „Wollen Sie bald Kinder bekommen?“ (wenn sie noch keine haben) oder „Wollen Sie noch mehr Kinder haben?“ (wenn sie bereits welche haben) oder sogar „Wollen Sie Kinder haben, wenn Sie diesen Job bekommen?“ (falls sie schon älter, aber noch kinderlos sind).

Wir alle wissen, daß Frauen genau solche Fragen gestellt werden, während Väter so behandelt werden, als spielte ihre Vaterschaft für ihre berufliche Situation gar keine Rolle. Man kann nicht so tun, als sei es völlig irrelevant für den Beruf, ob jemand Kinder hat oder nicht, und man muß es als naturgegebene Tatsache annehmen, daß Frauen, wenn sie sich beruflich etablieren, in dem Alter sind, in dem sie Kinder bekommen. Diese Tatsache darf nicht zum Vorwand für irgendeine Art von Benachteiligung gemacht werden. Schon allzuviele Frauen haben die Bedeutung ihrer Mutterschaft heruntergespielt, nur um eine bestimmten Job zu bekommen, und allzuviele haben sich gezwungen gesehen, zwischen beruflicher Karriere und Mutterschaft zu wählen. Die Arbeitsleistung, die eine Mutter vollbringt, und die Tatsache, daß diese Arbeit zeitlich mit dem Beginn der eigenen Karriere zusammenfällt, ist gleichermaßen von den Arbeitgebern und den Frauen selbst allzulange verdrängt worden.

Die Arbeit einer Mutter gibt den Frauen jedoch eine spezifische Kompetenz, die auf vielen beruflichen Feldern nützlich ist: viele Dinge gleichzeitig zu regeln, praktisch und flexibel zu sein sowie beharrlich, geduldig und entschlossen. Eine Familie ist wie ein kleines Unternehmen, sie muß genauso gemanagt werden.

Das Recht der Mütter, anders zu sein als andere Berufstätige, schließt auch ein, daß die betreffende Frau nicht ihren Job verliert, sobald sie schwanger ist. Bezahlter und hinreichend langer Mutterschaftsurlaub ist wichtig, ebenso die Sicherheit, daß die Stelle erhalten bleibt, auch wenn die Frau wegen des Babys einige Zeit abwesend ist. Die relativ hohen Geburtenraten in Skandinavien hängen zweifellos mit dem jahrelangen, bezahlten Mutterschaftsurlaub zusammen. Eine solche Sozialpolitik ist kostspielig,

aber es geht dabei auch darum, wie die politischen Prioritäten gesetzt werden und was politischer Wille ist.
Darum reicht es nicht aus, einfach nur gleiche Arbeitsbedingungen für Männer und Frauen zu schaffen. Dadurch werden die Frauen lediglich in Regeln eingebunden, die denen der Männer nachempfunden sind. Dies führt dazu, daß das nahezu unüberwindliche Problem der Doppelbelastung letztendlich zu einer reinen Privatangelegenheit der Frauen wird. Um die Rechte der Mütter auf angemessene Arbeitsbedingungen voranzubringen, ist ein radikales Umdenken in den Beziehungen zwischen Familie und Berufstätigkeit nötig. Dieser Prozeß steht in einigen Gesellschaften, die den Gleichheitsfeminismus bereits hinter sich haben, gerade erst am Anfang.

Alles in allem haben die fortdauernden Angriffe, die der Feminismus der 70er Jahre gegen die Hausarbeit geführt hat, das Bild der Mutterschaft und all der damit verbundenen Arbeit erheblich beschädigt. Niemand, der kleine Kinder hat, kann daran zweifeln, daß damit viel Arbeit verbunden ist. Es ist eine Arbeit, die nie aufhört, für die sich kaum jemand bedankt und die von der Gesellschaft ignoriert wird; ja, sie wird sogar vom Staat vollständig abgewertet. Auf dieser unsichtbaren Arbeit beruht jedoch jede Gesellschaft. Arbeitet die Mutter auch außer Haus, beginnt ihre zweite Schicht, sobald sie nach Hause kommt. Arbeitet sie zu Hause, denkt keiner daran, daß sie wirklich arbeitet.
Die klare, wenngleich traurige Schlußfolgerung aus dieser Analyse lautet: Wenn es eine realistische Wahlmöglichkeit zwischen häuslicher Arbeit und Berufstätigkeit geben soll, brauchen wir massive Veränderungen sowohl in der Politik als auch in unseren Einstellungen. Das setzt wahrscheinlich voraus, daß die Frauen sich stärker in das politische Geschehen einmischen, um solche Veränderungen zuwege zu bringen. Es kommt aber auch darauf an, daß die Männer beginnen, sich auf ihre Vaterschaft zu besinnen, wenn sie Arbeitsbedingungen aushandeln. Elternschaft ist nichts, was nur die berufstätigen Frauen angeht; sie ist vollkommen natürlich und notwendig für jede menschliche Gesellschaft, die eine Zukunft haben will, und das sollte sich in den Arbeitsbedingungen widerspiegeln.

Das Recht, die eigenen Kinder zu erziehen

Ein weiteres Recht der Mütter und aller Eltern generell besteht darin, über die Erziehung der eigenen Kinder selbst bestimmen zu können. Das betrifft die Auswahl der Schule, die sexuelle Aufklärung und die religiöse und geistige Bildung. Die Eltern, nicht der Staat, sind dafür verantwortlich. Daraus folgt, daß der Staat dafür zu sorgen hat, daß Eltern die Möglichkeit zur freien Wahl haben. Kinder dürfen nicht gezwungen werden, sich solchen Erziehungsmustern zu unterwerfen, die gegen die religiösen Überzeugungen der Familie verstoßen.
Die grundlegende Erziehung in moralischen und sexuellen Fragen ist Sache der Eltern, und es ist offensichtlich, daß die Mütter hierbei eine herausragende Rolle spielen, vor allem in der frühen Kindheit.

Was ist zu tun?

Welche Rechte der Mütter sind heute in der Welt bereits verwirklicht?
In vielen Staaten wird den Frauen das Recht genommen, selbst darüber zu bestimmen, wie viele Kinder sie haben wollen. Dazu werden Mittel angewandt, die von direkter Gewalt und Zwang bis zu subtileren Formen der Unterdrückung reichen. Darüber hinaus fehlt es an Wertschätzung und Unterstützung für die Arbeit der Frauen zu Hause und außerhalb. Ich habe auch auf das Problem des weitverbreiteten Nihilismus in westlichen Gesellschaften hingewiesen und darauf, welche direkten Auswirkungen dieser auf die Pflichten der Mütter hat, und wie dadurch die „natürlichen Rechte" der Mutterschaft beschnitten werden.
Die Diskrepanz zwischen dem, was diese Rechte mit sich bringen und der gesellschaftlichen und politischen Wirklichkeit heute ist erheblich. Es bleibt darum die Frage: Was ist zu tun, und wo soll man anfangen?
Zunächst ist festzustellen: Rückzug in die Privatsphäre ist keine Lösung, wenn es darum geht, die Vor- und Nachteile einer Politik für Mutterschaft und Familie zu erörtern. Nicht nur hängen die

wirtschaftlichen Voraussetzungen für die Familie zu einem beträchtlichen Teil von der Steuer- und Verteilungspolitik jedes Landes ab, sondern die Familie braucht auch die aktive Unterstützung seitens des Staates.
Heute gilt es, für die Unterstützung der natürlichen Familie einzutreten und zugleich dagegen anzukämpfen, daß jede Lebensform, in die Kinder verwickelt sind, mit denselben Rechten ausgestattet wird. Wie schon zu Anfang festgestellt, ist die Tatsache, daß die natürliche Familie weiterhin Bestand haben und daher auch vom Staat eine bevorzugte Behandlung erfahren sollte, kaum noch im allgemeinen Bewußtsein. Statt dessen wird fortdauernd bestritten, daß nicht alle Lebensformen gleich natürlich sind und daß Menschen sehr wohl unterscheiden können, was natürlich und somit gut für ein Kind ist. Es bedarf eines eindeutigen Einsatzes zugunsten der natürlichen Familie. Dies ist eine Aufgabe für jeden Bürger, zuallererst für die Frauen.
Darüber hinaus müssen die Arbeitsbedingungen für Frauen mit kleinen Kindern flexibler gestaltet und verbessert werden. Partnerschaften zwischen Staat und Markt sind dazu notwendig, da der Anstoß dazu allein vom Markt nicht zu erwarten ist. Heute befinden sich die Frauen permanent in der Zwickmühle zwischen Arbeitsanforderungen, die sich nach den männlichen Organisationsformen der Arbeitswelt ausrichten, und den Erfordernissen der Mutterschaft. Wenn wir zudem bedenken, daß die Männer bei weitem nicht ihren Teil der häuslichen Arbeit erfüllen, kann es kaum überraschen, daß die Familien so klein bleiben.
Wir müssen also sehr viel energischer auftreten als zuvor, da heute die Medien, der Markt und einzelne Interessengruppen die öffentliche und politische Debatte beherrschen. Das bedeutet, daß wir uns darin fortbilden müssen, diese Mittel der Überzeugung und der Einflußnahme selbst auch anzuwenden, und daß wir unserer Demokratie neue Kräfte zufließen lassen, indem wir uns als aktive Staatsbürgerinnen betätigen. Als Mütter müssen wir all das aufdecken, was in unserem gesellschaftlichen System nicht in Ordnung ist; wir müssen zeigen, was es heißt, Mutter zu sein und wie Mutterschaft zu leben ist; und wir müssen herausstellen, wie wichtig Mutterschaft für das Leben einer Gesellschaft ist, für das *summum bonum*. Niemand ist von Natur aus besser dazu geeignet als wir, die wir Mütter sind.

Wie aber sollen Respekt und Unterstützung für die Mutterschaft aussehen? Um diese Frage geht es in Kapitel IV. Wie können Frauen Berufstätigkeit und Mutterschaft miteinander verbinden? Davon handelt Kapitel V.

---

1 In der schwedischen Untersuchung „Samhallets stöd til barnfamilerna i Europa", herausgegeben vom schwedischen Finanzministerium (Stockholm 1995) wird aufgezeigt, daß es sich nur in Frankreich und Deutschland für den Ehemann auszahlt, sein eigenes Einkommen um 75 Prozent zu steigern, statt zwei Einkommen in der Familie zu haben. Mit anderen Worten: In den meisten europäischen Staaten lohnt es sich eher, zwei Einkommen in der Familie zu haben, als wenn ein einzelnes Einkommen um den entsprechenden Betrag erhöht würde.

Kapitel IV

Heute hat man den Frauen meistenteils gestattet, Industriearbeiterinnen, Büroangestellte oder Straßenbahnschaffnerinnen zu werden; wenige sind Minister, Erfinderinnen oder geniale Künstlerinnen. Die meisten Frauen mögen mittelmäßige Straßenbahnschaffnerinnen sein – wie auch die meisten Männer – aber nur Frauen können Mütter werden, wie mittelmäßig sie sonst auch sind.

Sigrid Undset,
Et Kvinnesynspunkt, Oslo 1919

Mütter in Europa

Die Bedingungen für Mütter in Europa

Ich hasse meine große Schwester! Lieber hätte ich einen Hund. Wir können sie ruhig weggeben", sagt Sophie, die kleine Schwester, in ziemlich kurzen Abständen. Im nächsten Moment spielen die beiden dann mit ihren Puppen. Stundenlang.
Natürlich gibt es Streitereien zwischen allen vier Kindern, und zwar drei- bis viermal am Tag. Aber diese dauern niemals lange. Sobald aber eines von ihnen einmal mit uns, den Eltern, alleine ist, kommt alsbald die Frage nach den anderen: „Mir ist so langweilig. Wann kommen die anderen wieder?"
Da ich selbst ein Einzelkind gewesen bin, verstehe ich die grundlegende Bedeutung von Geschwistern sehr gut. Ich beneide alle, die welche haben. Das einzige Kind seiner Eltern zu sein, ist so unnatürlich – und so einsam.
Während die Mutterschaft weiterhin, wie in den vorhergehenden Kapiteln dargelegt, die wesentlichste Erfahrung im Leben der meisten Frauen ist, bekommen europäische Frauen heute weniger Kinder als jemals zuvor. Zum Teil rührt dies von einer Geisteshaltung her, die Kinder hauptsächlich als Objekte ansieht und nicht als natürlichen Teil im Leben einer Frau. Aber es fehlen auch die Voraussetzungen, die das Muttersein fördern.
Welche Einstellungen werden heute in Europa dem Muttersein entgegengebracht? Welche Bedingungen bestehen heute für Mutterschaft in Europa?
Ich behaupte, wir müssen die Hindernisse überwinden, die dem Muttersein im Wege stehen, indem wir Bedingungen fordern, die es uns erlauben, wieder Mütter von normal großen Familien zu sein.
Dies ist nicht nur unser Recht, sondern auch im Interesse der Gesellschaft, und zwar sowohl wegen der alternden Bevölkerung und

des „demographischen Winters“ als auch wegen des Zusammenbruchs der Familie und deren Reduzierung auf Ein-Kind-Größe. Einzelkinder sind verwöhnt, selbstsüchtig und unsozial. Ich weiß das, weil ich selbst eines bin. Ihre Eltern umhegen sie auf alle erdenkliche Weise. Familien mit Einzelkindern schaffen egoistische Gesellschaften, in denen die Kinder selten lernen, von sich abzugeben, großzügig zu sein und sich sozial zu verhalten. Es kann wohl keinem Zweifel unterliegen, daß solche gesellschaftlichen Muster alles andere als erwünscht sind.

In China, dem Staat der geschwisterlosen Kinder, gibt es mittlerweile Benimm-Schulen, in denen verwöhnten Einzelkindern normales zwischenmenschliches Verhalten und gute Manieren beigebracht werden. Man hat das Problem der verzogenen Einzelkinder als ein schwergewichtiges für die Gesellschaft erkannt und wendet nun große Anstrengungen auf, um diese Kinder wieder zu bessern. Mir kommt das wie ein Alptraum vor.

Aber überraschend ist das nicht. Ich kämpfe jeden Tag mit meinen eigenen Kindern, um ihnen Benehmen beizubringen, sie weniger selbstsüchtig zu machen und zu gesellschaftlich akzeptablen Menschen werden zu lassen. Menschen sind von Natur aus egoistisch und rücksichtslos; es liegt vorwiegend an ihren Eltern, wenn sie es nicht sind. Beobachtet man Kinder, wird man feststellen, daß solche aus Familien mit mehreren Geschwistern weniger auf sich selbst bezogen sind als allgemein üblich. Von klein auf sind sie daran gewöhnt, mit anderen zu teilen. Ich würde sogar hinzufügen: Diejenigen aus weniger wohlhabenden Familien zeigen mehr menschliches Mitgefühl, weil es ihnen verwehrt war, alle materiellen Wünsche erfüllt zu bekommen.

Gewöhnlich möchten Frauen gerne mehr als ein Kind haben, doch sie stecken in der Zwickmühle zwischen beruflichen Erfordernissen und solchen des Alters, wenn sie die Entscheidung über die Kinderzahl zu treffen haben. Die Sozialpolitik und auch der Wandel in den Einstellungen müssen noch sehr viel weiter gedeihen, bis wir eine zufriedenstellende Lösung gefunden haben werden.

„Wenn ich ein Einzelkind wäre, müßte ich beim Spielen ja auch für alle anderen mitspielen“, meinte meine jüngste Tochter einmal, als sie sieben war, und bezog sich dabei auf das Rollenspiel der

Kinder. Sie sprach damit einen wichtigen Punkt an: Kinder möchten lieber Geschwister haben anstatt teurer Spielsachen. Als Einzelkind weiß ich das selbst sehr wohl. Doch die Geburtenraten in Europa sind niedriger als jemals zuvor.
Warum haben Europas Frauen so wenig Kinder? Die Gründe sind vielfältig. Ich möchte sie unter den Überschriften „politisch-ökonomische“ und „anthropologische Voraussetzungen“ behandeln. Mit letzterem meine ich das im Westen vorherrschende Menschenbild, das den Menschen überwiegend instrumentell und als Objekt betrachtet, in Verbindung mit einem Individualismus, der die Grundlagen jeder Familienpolitik aufzureiben droht. Der Staat kann heute seine Politik nicht mehr nach der Familie als Einheit ausrichten, ohne sogleich mit massiver Opposition konfrontiert zu werden.

Anthropologische Voraussetzungen

Was hat das gegenwärtige anthropologische Problem des Westens mit unserer Analyse zu tun? Hamlet, ein anderer Skandinavier, sagte einst, die Zeit sei aus den Fugen. Das trifft auch heute zu, wie es scheint.
Wenn ich im Folgenden von Trend rede, meine ich damit die vorherrschende Sicht in der öffentlichen Debatte und in den Medien, wonach sich über puren Subjektivismus hinaus in bezug auf richtig oder falsch nichts Eindeutiges sagen oder feststellen läßt, weswegen es jedem Menschen freigestellt ist, seinen eigenen Lebensstil und seine eigenen Pläne zu verfolgen, solange er dabei nicht anderen in die Quere kommt.
Das Individuum erscheint nicht in Beziehung zu anderen – wie etwa in einer Familie, wo es seinen Platz und seine Pflichten innerhalb des Familienverbandes hat –, sondern als isoliertes Wesen mit einer stets wachsenden Zahl von „Rechten“, zu denen unter anderem das „Recht“ jeder Frau auf ein Kind zu gehören scheint sowie ebenso das längst etablierte „Recht“, keine Kinder haben zu müssen, sprich: das „Recht“ auf Abtreibung. Eine solche Betrachtungsweise der Mutter-Kind-Beziehung blendet den Blick darauf, daß jedes Kind ein Geschenk ist,

ebenso aus wie den Aspekt, daß es für eine Frau ganz natürlich ist, Kinder zu haben, ja daß dies sogar die vornehmste Aufgabe für jede Frau ist.

Die Geburtenrate in Europa unterliegt heute der Kontrolle durch die Frauen; die dafür erforderlichen Mittel, Verhütung und Abtreibung, werden vom Staat bzw. vom Markt bereitgestellt. Mädchen und Jungen lernen in der Schule alles über Verhütung, und mancherorts werden die Verhütungsmittel sogar von den Behörden kostenfrei zur Verfügung gestellt. Die allgemeine Ideologie dahinter lautet: Da Sexualität nun einmal zu Schwangerschaften führen kann, und da Heranwachsende nun einmal Geschlechtsverkehr haben, muß man ihnen beibringen, wie „sicherer Sex" zu sein hat. Aids hat diesen Argumenten zusätzliche Schlagkraft verliehen. Zudem wird behauptet, der beste Weg, um Abtreibungen zu verhindern, sei es, für ausreichende Verhütungsmöglichkeiten zu sorgen.

Fast nie wird die Grundannahme dieser Argumentation in Frage gestellt, nämlich daß Heranwachsende schon Sex haben. Diese These wird in Form empirischer Aussagen über sexuelles Verhalten vorgetragen, so daß daraus nahezu eine Norm wird, die besagt, junge Menschen müßten Sex haben, und die damit entsprechenden Druck erzeugt. Es gibt nur wenige, die diesem Druck standhalten – in einem Alter, in dem es besonders schwer ist, anders zu sein als der Rest.

Die Behauptung, man müsse die Freiheit zum Sex wann immer und mit wem auch immer haben, macht das Schlüsselproblem der menschlichen Sexualität aus, wie sie heute im Westen propagiert wird. Nimmt man sie zum Ausgangspunkt, erscheint es nur logisch, wenn man Sexualität in welcher Form auch immer als ein individuelles Recht ansieht (das niemanden außer einem selbst etwas angeht), und wenn folglich Kinder nicht mehr wesentlich dazugehören. Sie mögen eine beabsichtigte oder versehentliche Folge der Sexualität sein, je nachdem, wie der oder die einzelne sich entscheidet.

Ist das Kind unbeabsichtigt, greift man rasch zur Abtreibung. Dank der modernen Medizin ist das ganz einfach. Sofort nach der Empfängnis reicht eine Pille, ansonsten läßt sich Abtreibung auch leicht als logische Antwort auf eine fehlgeschlagene Verhütung

sehen, ein rein technisches Problem also, für das der oder die einzelne gar nichts kann.
Diese Sicht von Zeugung und Fruchtbarkeit entstammt einem Menschenbild, das das Leben für völlig kontrollierbar hält. Die moderne Medizin zielt immer mehr darauf ab, alle Lebensprozesse zu beherrschen, was durch die technologischen Entwicklungen und die damit verbundenen Mittel, über Leben und Tod zu entscheiden, in einer zuvor nie dagewesenen Weise möglich geworden ist. Die Euthanasie ist in dieser Hinsicht die letzte Bastion: Wenngleich der Tod sich nach wie vor der vollen Kontrolle entzieht, so wollen wir wenigstens entscheiden können, wann und wie er kommt. Auf genau dieselbe Weise möchte man festlegen, ob und wann ein Kind geboren werden soll und was für ein Kind das sein soll. „Suboptimale" Föten können dann abgetrieben werden.
Der Medizin selbst ist kein Vorwurf zu machen. Das Problem liegt vielmehr im Fehlen sinnvoller ethischer Standards – nicht nur in der Medizin, sondern sehr wohl auch in der Politik. Der demokratische Meinungsbildungsprozeß wird zunehmend von Interessengruppen vorangetrieben, die gewöhnlich nur sich selbst repräsentieren, und die Medien geben in ihrer endlosen Sucht nach Sensationen allen neuen und gewagten Forderungen ein lautes Echo.
Die Logik der Interessengruppen basiert auf dem Wunsch nach Zuerkennung neuer Rechte für bestimmte Gruppen, wobei man glaubt, sie für in der Vergangenheit erlittenes Unrecht entschädigen zu müssen. Der öffentliche Diskurs ist nicht mehr in die Sprache des Gemeinwohls und des öffentlichen Interesses gegossen – was ja beides notwendig wäre für eine Politik universell anwendbarer Rechte –, sondern nur noch in die Formulierung einzelner Gruppenrechte.
Ist aber der politische Diskurs nicht mehr universell, bricht auch die Gesellschaft als „res publica" (öffentliche Angelegenheit, Gemeinwesen) irgendwann zusammen. Ich fürchte, dieser Prozeß ist in unseren westlichen Demokratien schon sehr weit fortgeschritten. Das Recht – das per Definition universell ist, da alle die gleiche Behandlung vor dem Gesetz verlangen dürfen, und zugleich sittlich, da es auf allgemein verbindlichen Normen basieren muß – wird zu einem Instrument in den Händen von Interessengrup-

pen und dient nicht länger der Kodifizierung allgemein akzeptierter Verhaltensweisen innerhalb einer Gesellschaft. Ein Rechtspositivismus, der keine Naturrechtstradition anerkennt, fördert diese Politisierung des Rechts.
Die Frage nach den Geburtenraten ist somit Teil dieses umfassenderen anthropologischen Problems, das mit rasanter Geschwindigkeit das westliche Politiksystem einer Krise zuführt. Kurz gefaßt: Der einzelne betrachtet das menschliche Leben und in zunehmendem Maße auch den Tod als etwas, das man unter Kontrolle bringen müsse. Das Leben in Gestalt von Kindern wird zum Objekt.

Niedrige Geburtenraten als zunehmendes Problem

Die europäischen Staaten zeigen indes großes Interesse an Geburtenzahlen, aus dem einfachen Grund, weil die Bevölkerung altert und damit immer mehr Kosten verursacht. Mittlerweile ist dies ein gewaltiges Problem in allen diesen Staaten: Wie soll man in Zukunft die Renten bezahlen, und wie soll man für die Gesundheitsfürsorge aufkommen? Da beides in den meisten europäischen Wohlfahrtsstaaten öffentliche Aufgaben sind, folgt daraus logischerweise, daß man die Gebärfreude fördern muß.
Doch nun entdeckt man gerade die Möglichkeit, durch Euthanasie als neues „Menschenrecht“ diese Situation zu beheben. Der weit verbreitete Wunsch im Westen, auch den Tod unter Kontrolle zu bringen, läßt es höchst wahrscheinlich erscheinen, daß es irgendwann ein solches Recht geben wird.
Auch die bereits große Zahl kinderreicher Immigranten in Europa läßt die Option für eine Politik der Geburtenförderung nicht mehr so attraktiv erscheinen. Diese Immigranten passen sich der hiesigen Lebensweise nämlich nicht in der Weise an, wie die Politiker dies gerne hätten, so daß ihre Zuwächse als Bedrohung wahrgenommen werden. Zusätzliche Anreize zur Steigerung der Geburtenzahlen scheinen daher politisch nicht gefragt zu sein. Doch das Problem der überalterten Bevölkerung wird sich sehr bald massiv stellen. Die Geburtenraten in Skandinavien sind die höchsten in Europa und liegen bei etwa 2,0, was kaum ausreicht,

um das derzeitige Bevölkerungsniveau zu halten. In Südeuropa, Spanien und Italien liegt die Rate bei 1,2, also weit unter dem erforderlichen Niveau.
Gegen den Trend, zu dem aus Sicht der Familie und der Kinder der Lifestyle-Pluralismus als eine der jüngsten und gefährlichsten Komponenten gehört, gibt es auch die gegenläufige Entwicklung hin zu größeren und stabilen Familien in Skandinavien. Akademikerpaare mit relativ gutem Einkommen haben immer öfter vier bis fünf Kinder. Viele Kinder zu haben ist in zunehmendem Maße ein neues Statussymbol.
Die Frauen geben an, daß sie als Frauen Erfüllung finden, wenn sie Mütter werden; daß Kinderreichtum das Natürlichste und Gesündeste sei und daß all jene Frauen, die keine Kinder haben wollten, gar nicht wüßten, was Frausein eigentlich bedeute. Sie erwarten aber auch, daß ihre Ehemänner sich die Hausarbeit mit ihnen teilen, und sie organisieren ihr eigenes Berufsleben mit einer gewissen Flexibilität, die sie wiederum auch von der Gesellschaft und von ihren Arbeitgebern erwarten.
Da sie gut ausgebildet sind, können sie auch verlangen, daß man sie als Mütter und als Berufstätige respektiert. Sie weigern sich, einfach nur den Männern nachzueifern und verleugnen nicht die Tatsache, daß sie Mütter sind. Sie verzichten nicht darauf, auch außerhalb des Haushalts zu arbeiten, sondern gehen auf Teilzeitarbeit über oder bleiben zu Hause, solange die Kinder klein sind. Von ihren Ehemännern erwarten sie, daß diese ihren Teil der Verantwortung für die Familie übernehmen, und zwar sowohl zu Hause als auch am Arbeitsplatz.
Wahrscheinlich ist der Nihilismus in Gesellschaft und Politik ein Hauptgrund, warum diese Paare sich entschließen, als Gegengewicht starke Familien zu gründen. Sie haben erkannt, daß sie selbst ihre Kompetenz als Eltern einbringen müssen und daß sie gebildet genug sind, um nicht vom gegenwärtigen Wertepluralismus der Lebensstile allzu leicht indoktriniert zu werden.
Das Bild, das ich hier vom „fortschrittlichen“ Skandinavien zeichne, hat allerdings seine zwei Seiten. Einerseits entwickeln sich wieder stärkere Familien; andererseits aber verliert sich das Wissen um die Natürlichkeit der Familie und somit auch die Natürlichkeit von Mutter- und Vaterschaft.

Das Kind als Objekt

Der Feminismus der 70er Jahre trachtete danach, Mutterschaft und Familie zu beseitigen und legte ausschließlich Wert auf Unabhängigkeit von den Männern in ökonomischer und sonstiger Hinsicht. Die Schlüsselfrage war, wie die Frauen in Gesellschaft und Politik an die Macht kommen können. Danach kam der Lifestyle-Pluralismus auf. Die Homosexuellen-Bewegung verfolgte lautstark ihre Ziele und bediente sich dabei der üblichen Muster, Toleranz für eine unterdrückte Gruppe zu fordern. Der einzelne und dessen Sexualität wurden vollständig aus dem Familienzusammenhang herausgelöst.

Durch die Technologie der künstlichen Befruchtung wurde auch das Kinderbekommen vom heterosexuellen Geschlechtsakt abgetrennt. Ein Kind zu „bekommen“ – was ja etwas ganz anderes ist, als ein Kind zu empfangen, nämlich soviel heißt wie „sich eines verschaffen“ – ist zu einer individualistischen Entscheidung geworden. Homosexuelle „bekommen“ Kinder, unverheiratete Frauen „bekommen“ Kinder; nur alleinstehenden Männern ist dies bisher gesetzlich verwehrt.

Aufgrund dieses durchgehend individualistischen Menschenbildes ist für viele Frauen das Kinderbekommen nichts anderes, als wenn sie sich irgendein anderes Objekt – sei es erwünscht oder nicht – aneignen. Sie wollen selbst entscheiden, ob und wenn ja, wann sie Kinder haben wollen, und die Frage, ob sie verheiratet sind, spielt bei dieser Entscheidung keine große Rolle.

Ein Kind zu bekommen, wird von vielen als Recht angesehen. Das ist ein schwerer Fehler. Kinder sind immer ein Geschenk, und die Rechte liegen bei ihnen, nicht bei denen, die sich Kinder wünschen. Es ist ganz natürlich, sich nach Kindern zu sehnen; auch Unverheiratete, Homosexuelle und andere haben diesen Wunsch. Ich vermute, auch Menschen, die freiwillig auf die Ehe verzichten, wie katholische Priester zum Beispiel, vermissen oftmals eigene Kinder. Doch diese natürliche Sehnsucht impliziert kein Recht auf Kinder. Im Gegenteil: Das Kind hat ein Recht auf Eltern, denn es liegt in der Ordnung der Natur, daß es von einem Mann und einer Frau gezeugt und geboren wird.

Viele gut ausgebildete Frauen schieben den Zeitpunkt des Kindergebärens fast bis zum Ende ihrer fruchtbaren Lebensphase auf, um dann festzustellen, daß ihnen etwas sehr Wichtiges entgangen ist. Sie suchen sich dann einen passenden Vater (zumindest einen, dessen Gene in Ordnung zu sein scheinen) und bekommen ihr Kind, meistens jedoch, ohne eine feste Beziehung mit dessen Erzeuger einzugehen. Einige adoptieren Kinder und bleiben alleinerziehende Mütter. Darin liegt unzweifelhaft eine Menge Egoismus: Die Motivation für das Kinderkriegen ist, daß die Mutter dadurch Erfüllung findet.

Nur weil das Kind in Isolation von dem natürlichen Familienzusammenhang gesehen wird, ist es überhaupt möglich, daß es derart zum Objekt wird. Wenn einzelne Personen darüber entscheiden können, Kinder zu bekommen, ohne Rücksicht darauf, ob diese dann auch in einer Familie leben oder nicht, so zeigt sich darin ein atomistisches und solipsistisches (nur um sich selbst kreisendes) Menschenbild. Natürlich bestehen immer noch einige Barrieren gegen die Adoption von Kindern beispielsweise durch homosexuelle Paare und alleinstehende Frauen, doch diese Hindernisse haben keine fundamentale Bedeutung.

Hinsichtlich der Ausprägung des Lifestyle-Pluralismus hat der Staat sich einfach nur dem Druck der einzelnen Interessengruppen und gesellschaftlichen Trends gebeugt, so daß sich seine grundsätzliche Haltung zur Familie und deren Unterstützung aufgeweicht hat. Obgleich die schweigende Mehrheit immer noch die natürliche Familie als das Normale erachtet und diese deshalb auch vom Staat unterstützt sehen will, wagen es die Führungseliten kaum, eine solche Position offen zu vertreten. Die Angst, als intoleranter Fundamentalist abgestempelt zu werden, wenn man eine Institution wie die Familie als natürlich, geschichtlich, universell, traditionell und damit richtig bezeichnet, ist weit verbreitet unter Meinungsmachern, Akademikern und Politikern. Das erklärt, warum es zur Zeit so extrem schwierig ist, die öffentliche Debatte im Westen zu beeinflussen. Der Diskurs meidet jede Unterscheidung von richtig und falsch, gut und schlecht, ja diese Ausdrücke werden sogar als überholt hingestellt. Nur einfache Leute wagen es noch, eine so natürliche Haltung gegenüber all diesen Fragen einzunehmen, doch sie haben kein politisches Gewicht.

So wirkt sich der Werte-Nihilismus des Westens direkt auf das Bild der Familie, der Mutterschaft und der Kinder aus. Das bedeutet nicht nur eine Änderung in den Einstellungen, so daß die Frauen Kinder nur noch als Objekte ansehen, die man „bekommen", aber ebenso auch loswerden kann; vielmehr werden auch die politischen Voraussetzungen für Mutterschaft direkt betroffen, so daß die Familie nicht mehr als tragfähiger Ausgangspunkt für politische Entscheidungen gesehen wird. Es wird folglich immer schwieriger, eine Familie mit mehreren Kindern zu unterhalten. Die Motive der staatlichen Familienpolitik sind genauso pluralistisch wie die Lebensstile in der Gesellschaft, und das heißt: Sie fördern nicht gerade die großen Familien.

Politisch-ökonomische Bedingungen für Mutterschaft

Wenn dies alles so ist, warum sollte man sich dann überhaupt um die politische Sphäre kümmern? Warum nicht einfach den Staat Staat sein lassen und ein normales Familienleben weiterführen? Die Antwort lautet: Obwohl die Einmischung des Staates in die Aktivitäten der Familien in Europa variiert, ist sie dennoch überall sehr wichtig. Die Höhe der Steuern, indirekter und direkter Steuern, die Arten des Kinder- oder Mutterschaftsgeldes, das Schulsystem und die Sozialpolitik einschließlich des Arbeitsmarktes wirken sich mehr oder weniger unmittelbar auf die Bedingungen der Mutterschaft aus.
In Europa ist die Rolle des Staates in der Gesellschaft weitgehend ein gegebenes Faktum. Die Frage ist daher nur, welche Rolle der Staat spielen muß, um optimale Bedingungen für die Mutterschaft zu schaffen. Was brauchen wir als Frauen, um auch Mütter werden zu können, und wie weit sind die gegenwärtigen Voraussetzungen dazu vom Optimum entfernt?
Die meisten Politiker machen sich gar keine Gedanken darüber, daß die anthropologischen Eigenheiten der modernen Gesellschaft und der Demokratie dafür irgendwie relevant sein könnten. Hier liegt ein dermaßen fundamentales Problem vor, daß sie buchstäblich vor lauter Bäumen den Wald nicht mehr sehen. Sie glauben vielmehr, daß man die Entwicklung der Gesellschaft steuern könne, indem man einfach nur die sozio-ökonomischen Variablen verändert. Der Grund, warum europäische Frauen so wenig Kin-

der haben, ist wirtschaftlicher Art. Ändert man also die Anreize, werden automatisch mehr Kinder geboren.
Wie wir sehen werden, ist diese Hypothese nicht sehr tragfähig. Anreize spielen zwar eine Rolle, aber als einzige erklärende Faktoren reichen sie nicht aus. Ich behaupte, daß sie notwendige, aber unzureichende Voraussetzungen für die Mutterschaft in der modernen Gesellschaft sind. Es macht natürlich einen Unterschied, ob ich meinen Job verliere, wenn ich ein weiteres Kind bekomme. Es macht auch einen Unterschied, ob ich Schulgeld bezahlen muß, ohne dies von der Steuer absetzen zu können. Es macht einen Unterschied, ob ich die freie Wahl habe zwischen der Arbeit zu Hause und außerhalb. Es macht einen Unterschied, ob auch mein Mann sich im Beruf freie Zeit nehmen kann, um bei der Arbeit mit den Kindern zu helfen. Es macht einen wirklich großen Unterschied, ob ich nach der Entbindung eine Zeitlang zu Hause bleiben kann, um ohne Streß mein Kind zu stillen und ohne Angst zu haben, meinen Job zu verlieren. Dies sind nur einige wichtige Punkte.

Die ökonomischen und praktischen Bedingungen sind für eine Mutterschaft also schon sehr wichtig, und hier muß einiges getan werden, wenn die Frauen sich wieder für mehr Kinder entscheiden sollen. Es gibt ja zahlreiche Elternpaare, die gerne mehr Kinder haben würden. Das Fehlen wirtschaftlicher Sicherheiten und einer familienfreundlichen Politik engt sie jedoch stark ein.
Die Grundannahme der nun zu diskutierenden Politik-Möglichkeiten lautet, daß man durch politische Vorgaben die erwünschten Ergebnisse erreiche. Darum ist es wichtig zu prüfen, welche politischen Ziele hinter den jeweiligen Maßnahmen stehen. In Skandinavien zum Beispiel war das Ziel seit den 70er Jahren, die Frauen dazu zu bewegen, mehr Kinder zur Welt zu bringen und trotzdem weiterhin im Beruf zu arbeiten; in Frankreich dagegen war schlicht die Förderung von mehr Geburten das beherrschende Ziel.

Arten der staatlichen Intervention in Europa

Welche Voraussetzungen sind optimal für eine moderne europäische Frau, um mehr Kinder zu haben? Das hängt von der Gesellschaft ab, in der sie jeweils lebt. In Staaten mit einem ausgedehnten öffentlichen Sektor und damit einhergehend einer starken finanziellen Umverteilung durch Steuern, kann man eine größere Familie kaum mit einem oder zwei Durchschnittseinkommen durchbringen.

Das Nachkriegsphänomen des Wohlfahrtsstaates zeigt zwar zwischen den einzelnen europäischen Staaten eine große Variationsbreite auf, die sich zum Beispiel in der Größe des jeweiligen öffentlichen Sektors zeigt, aber es spielt in ganz Europa eine bedeutsame Rolle. In den skandinavischen Ländern macht der öffentliche Sektor rund 60 Prozent des Bruttoinlandsprodukts aus, während es anderswo in Europa nur 40 bis 50 Prozent sind; aber auch das ist noch sehr viel.

Da staatliche Interventionen in der Wirtschaft sowie die institutionellen Beziehungen zwischen Staat, Markt und Familie europaweit stark variieren, ist es schwierig, die Familienpolitik der einzelnen Länder zu vergleichen.

Eine neue Typologie des europäischen, wohlfahrtsstaatlichen Kapitalismus unterscheidet drei Arten von Wohlfahrtsstaaten: den liberalen, den konservativen und den sozialdemokratischen Typus[1].

So zählt etwa Großbritannien zur ersten Kategorie, weil dort Interventionen zumeist durch vorheriges Versagen des Marktes bedingt sind. In Italien und Deutschland, wo die katholische Soziallehre einen größeren Einfluß hat, betrachtet man die Familie hingegen allgemein als eine Sphäre, aus der sich der Staat herauszuhalten hat.

Der skandinavische Wohlfahrtsstaat sieht die Familie als ein Terrain von öffentlichem und politischem Interesse und bemüht sich, dieses durch extensive politische Maßnahmen zu gestalten. Die zentralen Normen bestehen nach Esping-Andersen in Gleichheit und Feminismus: „Alle profitieren, alle sind abhängig." Wird allerdings das Streben nach Gleichheit ausgeweitet, um auch feministische Anliegen zu umfassen, dann heißt das, daß die Frauen in zunehmendem Maße abhängig werden vom Staat anstatt von den Männern.

Die Familienpolitik in Europa variiert somit gemäß dem Typus des Staates und dessen politischen Zielen. Die skandinavische Politik ist traditionell motiviert durch ein zweifaches Ziel: Die Mutter soll weiterhin im Beruf arbeiten und trotzdem mehrere Kinder haben können. Die französische Politik ist darauf ausgerichtet, die Zahl der Franzosen zu vermehren, während solche Zielvorstellungen der britischen oder deutschen Politik fremd zu sein scheinen. Auch die letzteren beiden Staaten haben Probleme wegen der niedrigen Geburtenraten und einer überalterten Bevölkerung, durch die der Bestand der Rentensysteme gefährdet ist und die Gesundheitskosten in die Höhe getrieben werden, doch eine explizite Politik zur Förderung von mehr Kindergeburten verfolgen sie bislang nicht: „Babys sind, soweit es Großbritannien betrifft, eine Privatangelegenheit“.[2]

Ein kurzer Blick auf die Situation in einigen maßgeblichen europäischen Ländern soll nun zeigen, welche Faktoren einen Einfluß auf die Einstellung der Frauen zu Kindern haben und wie sehr diese ins Gewicht fallen. Es gibt keine eindeutigen Hinweise darauf, wie Frauen im allgemeinen auf politische und ökonomische Anreize reagieren. Aus einer quantitativen Analyse geht hervor, „daß wir die Annahme verwerfen müssen, Familienpolitik habe überall in Europa dieselben Auswirkungen auf die Geburtenrate. Die Ergebnisse legen einen positiven, aber auch begrenzten Effekt nahe“.[3] Was man also unter diesen Umständen anbieten kann, ist ein begründetes, persönliches Urteil über die Wichtigkeit von einigen dieser Faktoren und deren relative Bedeutung vor dem größeren Hintergrund der erodierenden Normen in der Gesellschaft.

Heute bekommen Frauen ihre Kinder relativ spät. Diejenigen, die eine höhere Ausbildung durchlaufen, müssen warten, bis sie weit in den 20ern sind. Sobald sie ihre Ausbildung abgeschlossen haben, müssen sie sich eine Anstellung suchen, was die meisten ja auch wollen. Genau zur selben Zeit aber müßten sie eigentlich auch ihr erstes Kind bekommen und bald danach auch das zweite, dritte oder vielleicht sogar vierte Kind. All dies konzentriert sich, grob gerechnet, auf die Lebensphase zwischen 30 und 40. In diesem Zeitraum drängt sich alles zusammen; hier werden die wichtigsten Parameter für den Rest des Lebens grundgelegt, soweit es Familie und Beruf betrifft. Zu dieser Zeit müssen Frauen oftmals auch ihre älter werdenden Eltern pflegen. Es besteht ein dauernder Zeitdruck in diesen Jahren und es gibt Arbeit rund um die Uhr.

Darum sind die Bedingungen für Mutterschaft gerade in diesem Zeitraum lebenswichtig. Die staatlich finanzierten Schulsysteme sind dabei nach meiner Auffassung für die Steigerung der Geburtenrate zu vernachlässigen, da ohnehin fast alle Länder öffentliche Schulen haben. Auch glaube ich nicht, daß die Steuersysteme und deren geringfügige Unterschiede viel ausmachen. Wohl aber bin ich überzeugt, daß berufliche Sicherheit sehr wichtig ist sowie die Möglichkeit, bezahlten Mutterschaftsurlaub zu nehmen, und die allgemeine Situation der Kinderbetreuung. Ich will nicht behaupten, daß die Geburtenrate steigt, sobald auf diesem Gebiet nur die richtigen Voraussetzungen geschaffen sind, doch da ich selbst als Mutter genau diese Lebensphase zwischen 30 und 40 in einem dauernden Zusammentreffen von Schwangerschaften, Stillzeiten und Arbeit aller Art durchlaufen habe, halte ich diese Faktoren schon für wichtig. Jeder möge selbst entscheiden, wieviel diese persönliche Einschätzung wert ist.

Mutterschaftsurlaub und Sozialpolitik

Angesichts der allgemein sehr schwierigen Situation beim Einkommen, auf dem Arbeitsmarkt und aufgrund der Doppelbelastungen der Frauen zwischen 30 und 40 ist es um so wichtiger, nach möglichen Gegenmitteln zu suchen. Ich gehe im folgenden davon aus, daß beide Ehepartner außer Haus arbeiten, denn dies ist das wahrscheinlichste Szenario in den meisten europäischen Ländern heute und wird zudem von den politischen Entscheidungsträgern sowie von den allgemeinen wirtschaftlichen und bildungsmäßigen Umständen begünstigt. Heute haben nur diejenigen die freie Wahl zwischen Arbeit zu Hause und außerhalb, die es sich leisten können, vom Einkommen eines Partners zu leben. Das liegt auch an der mangelnden politischen Unterstützung für diese Option. Die Bedingungen für die Arbeit zu Hause und außer Haus werden im nächsten Kapitel näher diskutiert.

Ich glaube fest daran, daß eine gute Regelung beim Mutterschaftsurlaub ein bedeutender Anreiz ist, mehr Kinder großzuziehen. Diese Sicht basiert auf meiner persönlichen Erfahrung sowie auf den Belegen aus den skandinavischen Ländern, wo die Geburtenraten nach der Einführung solcher Maßnahmen nach oben gegangen sind. Heute finden wir dort die höchsten Geburtenraten in Europa, die niedrigsten dagegen in Spanien und Italien.

Der Mutterschaftsurlaub muß bezahlter Urlaub sein, es muß eine Arbeitsplatzgarantie damit verbunden sein, und er muß lang genug sein, so daß die Mutter nicht dem Streß einer Doppelbelastung ausgesetzt ist, solange sie das Kind stillt; das heißt idealerweise bis zu neun Monate. Es besteht überhaupt kein Zweifel, daß die Stillperiode für das Kind von höchster Wichtigkeit ist, aber auch für die innige Beziehung zwischen ihm und der Mutter. Die skandinavischen Länder bieten staatlich bezahlten Mutterschaftsurlaub bis zu zwölf Monaten an, allerdings nur für berufstätige Mütter.

In unserem System hat der Arbeitgeber keinerlei Handhaben gegen eine Mitarbeiterin, falls diese schwanger wird, da sie ja auch ihren Mutterschaftsurlaub nicht von ihm bezahlt bekommt. Die Frau hat sogar eine gesetzliche Garantie, daß sie ihren Job nach der Beurlaubung wieder bekommt; diese Beurlaubung kann – dann allerdings unbezahlt – auf drei Jahre ausgedehnt werden. In Norwegen beträgt der Mutterschaftsurlaub ein Jahr mit voller Bezahlung. Der Ehemann ist verpflichtet, sich einen Monat mit voller Bezahlung beurlauben zu lassen; er kann sich aber auch länger beurlauben lassen, während die Mutter berufstätig ist. Der Mann hat auch Anspruch auf zwei Urlaubswochen unmittelbar nach der Geburt des Kindes. Die Mutter darf darüber hinaus ihren Arbeitstag bei vollem Entgelt um zwei Stunden verkürzen, um in dieser Zeit nach dem Mutterschaftsurlaub ihr Kind noch weiter zu stillen. Ein Ergebnis dieser Maßnahmen ist, daß mehr als 90 Prozent aller skandinavischen Mütter ihre Kleinkinder ungefähr neun Monate lang stillen.

Wie jede Mutter weiß, bringt das Stillen unregelmäßige Ruhezeiten mit sich. Das ist nur zu leisten, wenn die Frau sich ganz auf die Arbeit des Stillens konzentrieren kann. Ist sie zu erschöpft oder steht sie zu sehr unter Streß, versiegt die Milchproduktion nahezu, so daß ein Teufelskreis seinen Lauf zu nehmen beginnt: Die Frau vermag die Müdigkeit nicht zu überwinden und fängt an, neben der Brust dem Kind auch die Flasche zu geben. Nach und nach wird das Kind nur noch mit der Flasche gefüttert, was für das Kind aber nicht gut ist. Die Muttermilch schützt es vor Infektionen, und das Stillen sorgt außerdem dafür, daß die Mutter nicht allzuschnell wieder schwanger wird.

Die berufliche Sicherheit und die fortdauernde Bezahlung, die mit dem Mutterschaftsurlaub einhergehen, sind ohne Zweifel mitentscheidend bei dem Entschluß, ein Kind zur Welt zu bringen. Das Familieneinkommen bleibt somit stabil. Ein wirtschaftliches Problem ergibt sich jedoch, wenn die Frau auch nach Ablauf des Mutterschaftsurlaubs zu Hause bleiben möchte, sich dies aber nicht leisten kann. Kindergärten sind teuer. Die Lösung besteht oftmals in der Anstellung eines Au-pair-Mädchens, das auch die Hausarbeit erledigt. So kann eine akademisch ausgebildete Frau weiterhin ihrem Beruf nachgehen und trotzdem mehrere Kinder haben. Es ist jedoch kaum nötig zu betonen, daß diejenigen mit geringen oder gar keinen Aussichten auf einen Job diese Wahlmöglichkeit nicht haben.

Der vom Staat finanzierte Unterhalt für das Kind im ersten Lebensjahr ist sehr hoch in Norwegen, Schweden und Finnland, dagegen weitaus niedriger in Frankreich, den Niederlanden, Großbritannien und Deutschland.
Das skandinavische Wohlfahrtssystem ist allerdings durch wirtschaftliche Rezessionen verwundbar. Nur Norwegen kann dank seiner hohen Einnahmen aus dem Ölgeschäft das gegenwärtige Niveau der staatlichen Unterstützung für die Kindererziehung halten. Schweden hat seine Unterhaltsleistungen reduziert, und derselbe Trend ist auch in anderen europäischen Ländern zu bemerken.
Wer sich daher zu sehr auf die staatliche Unterstützung der Familie verläßt, geht ein gewisses Risiko ein. Wenn nicht der politische

Druck zur Beibehaltung dieser Maßnahmen anhält, wird immer die Gefahr von Kürzungen bestehen. Es waren Politikerinnen, die in Skandinavien diese Politik durchgesetzt haben, und ich glaube nicht, daß Männer sich jemals in gleichem Maße für die Interessen der Mütter einsetzen werden. In den meisten europäischen Ländern sind die meisten Politiker jedoch noch immer Männer.

Ideologische Stürme: Staatliche Unterstützung für die Arbeit mit Kindern

In Skandinavien sind die großzügigen Unterhaltsleistungen für Kinder im ersten Jahr und die Möglichkeit für Frauen, sich auf einige verbriefte Rechte im Zusammenhang mit der Mutterschaft zu verlassen, meiner Auffassung nach ein wichtiger Grund dafür, daß wir mehr Kinder bekommen. Die Doppelbelastung von Mutterschaft und Berufstätigkeit wird durch den langen Mutterschaftsurlaub gemildert. Das Niveau des Familieneinkommens bleibt somit für eine gewisse Zeit erhalten.

Später, sobald die Mutter wieder außer Haus arbeiten will oder muß, beginnen die Probleme und der Streß. Viele, wenn nicht sogar alle Mütter möchten im Grunde ihres Herzens gerne zu Hause bei ihrem kleinen Kind bleiben und es nicht jemand anderem in Fürsorge geben, wenn das Kind erst ein Jahr alt ist. Ich hatte immer das Glück, daß meine akademische Arbeit mir eine gewisse Flexibilität erlaubte. Ist der Mutterschaftsurlaub jedoch erst einmal vorbei, kommt es sehr darauf an zu zeigen, daß man als Frau wieder voll am beruflichen Leben teilnimmt und sich nicht vom vorwiegend männlichen Wettbewerb an den Rand drängen läßt.
Für eine Mutter ist dies ein schreckliches Dilemma: Sie kann nicht mit dem Kind zu Hause bleiben, da die Zwänge des Systems nun einmal so sind, wie sie sind; doch eigentlich wünscht sie sich – zumindest in sehr vielen Fällen – genau das. Diesem Dilemma kann die Mutter niemals ganz entgehen, doch es stellt sich besonders verschärft dar, solange das Kind sehr klein ist.
Wenn ich auf meine Erfahrungen zurückblicke, glaube ich, daß es für Mutter und Kind am besten ist, wenn sie in den ersten Jahren

so viel Zeit wie möglich zusammen verbringen. Doch ich muß auch gestehen, daß ich meine berufliche Arbeit sehr vermißt hätte, wenn ich ausschließlich zu Hause geblieben wäre. Wie auch immer man im Einzelfall dieses Dilemma aufzulösen versucht: worauf es ankommt, ist die Möglichkeit, innerhalb einer flexiblen Ordnung frei zu wählen. Das skandinavische System ist sehr gut geeignet für das erste Lebensjahr eines Kindes, vorausgesetzt die Mutter hatte vorher einen Job außerhalb der eigenen vier Wände. Nach dem ersten Jahr ist es jedoch vorbei mit der freien Wahl.

1997 geschah jedoch etwas Einschneidendes: Norwegen bekam eine neue Regierung, durch die auch ich den Zugang zur aktiven Politik fand. Es war eine Koalition, in der meine Partei, die Christliche Volkspartei (Christdemokraten), die größte Gruppe stellte.

Ein Hauptpunkt in unserem Programm bestand schon seit Jahren darin, den Familien auf finanziellem Gebiet die freie Wahl zwischen öffentlichen Kindergärten und anderen Formen der Kinderfürsorge zurückzugeben. Unter letzterem war etwa zu verstehen, daß ein Elternteil zu Hause bliebe, solange die Kinder klein wären. Die Idee, die in Norwegen den Namen „Kontantstøtte" (Bargeld-Unterstützung) bekam, war schlicht und einfach folgende: Eltern, die selbst ihre Kinder zu Hause großzogen, sollten genau denselben Geldbetrag direkt vom Staat erhalten, der an Zuschüssen für öffentliche Kindergärten gezahlt wurde. Das waren damals umgerechnet rund 6000 US-Dollar (12.000 Mark) pro Kind und pro Jahr. Die Möglichkeit der freien Wahl war das Ziel – nicht mehr und nicht weniger.

Doch unsere Kampagne für diesen Vorschlag in den Jahren 1997 und 1998 löste unter norwegischen Frauen die größte ideologische Debatte aus, die das Land seit dem Aufkommen des Feminismus in den 70er Jahren erlebt hatte. Unser Vorschlag wurde schließlich im Frühjahr 1998 Gesetz. Doch die Feministinnen alter Schule waren aufgebracht und warfen uns vor, wir wollten die Frauen wieder zurück an den Küchenherd verbannen und die weibliche Emanzipation auf Null stellen. Die führenden Damen des sozialdemokratischen Feminismus waren dermaßen außer sich, daß sie sich sogar weigerten, überhaupt über die Wahlfreiheit der Eltern in der Kindererziehung zu diskutieren. Ihre dogmatische Sicht war: Alle Frauen sollten einem Beruf außerhalb des

Hauses nachgehen, und Kindergärten seien besser für die Kinder – besser sogar, als wenn sich die Eltern selbst zu Hause um die Kinder kümmerten [4].

Ziel unserer Politik war es jedoch, Eltern, deren Kinder unter drei Jahre alt sind, die freie Wahl zu lassen und es zu ermöglichen, daß einer der beiden Elternteile in dieser Phase zu Hause bleiben kann. Das hört sich doch nach einer guten Idee an – oder etwa nicht? Gesunder Menschenverstand und Flexibilität. Aber nein, diese Idee war völlig inakzeptabel für all jene, die sich Feministinnen nennen. Deren Reaktionen, die in keinerlei Verhältnis zu unserem Vorschlag selbst standen, zeigten in aller Deutlichkeit, daß sie häusliche Arbeit von Frauen – und, wie ich vermute, auch von Männern – von Grund auf ablehnten. In ihren Augen war das ein Schritt zurück in die Steinzeit. Wir sollten alle nur Berufe außerhalb unserer vier Wände haben, und unsere Kinder sollten alle in Kindergärten gehen – basta!

Der Sturm, den unser Vorschlag auslöste, zeigte uns, was jene, die sich Feministinnen nennen, unter Emanzipation verstanden. Dahinter steht eine Art sozialistischer Ideologie, die zutiefst gegen die Familie gerichtet ist, doch genau dieselbe Anschauung ist auch unter der Feministinnen anderer Länder vorherrschend.

Am Ende setzten wir uns dennoch durch: Norwegische Eltern bekamen pro Jahr 6 000 US-Dollar pro Kind für die ersten drei Jahre ausgezahlt, sofern sie das Kind nicht in einen Kindergarten schickten. Das war wirkliche Wahlfreiheit bei der Suche nach der besten Fürsorge für die eigenen Kinder.

---

1 G. Esping-Andersen, The Three Worlds of Welfare Capitalism, Cambridge 1990.

2 Financial Times, 11. März 1990

3 A. H. Gautier , „Family Policies in Comparative Perspective“, Centre for European Studies, Nuffield College, Oxford 1991. Die Autorin benutzt ein Modell, in dem die Sozialleistungen für Familien nur eine von mehreren Erklärungsvariablen sind. Die übrigen sind Einkommen, Ausbildung und wirtschaftlicher Status. Sie überprüfte diese durch eine multiple Regressionsanalyse und fand heraus, daß Familienleistungen nur geringe Auswirkung auf die Kinderzahl haben. In einer Situation mit mehr als doppelt so langem Mutterschaftsurlaub (von 12 auf 28 Wochen) war der Effekt immer noch zu vernachlässigen.

4 Dagbladet, 11. Juni 1998

Kapitel V

Frauen waren zu allen Zeiten in der Lage, die Arbeit der Männer zu übernehmen, ja sogar Waffen zu tragen. Tausende von Frauen in der Geschichte haben Bauernhöfe und Landgüter geführt, wenn ihre Männer tot oder unfähig waren.

Sigrid Undset,
Et Kvinnesynspunkt, Oslo 1919

Berufstätigkeit

Berufstätigkeit nach Art der Frauen [1]

Ich habe fünf Kinder", sagte mir einmal ein Kollege, „aber meine Frau arbeitet nicht." – „Ach wirklich", erwiderte ich, „was macht Ihre Frau dann den ganzen Tag zu Hause mit den Kindern?" Der Kollege errötete und entschuldigte sich – und ich hoffe, er hat eine Lektion fürs Leben gelernt.

Das Thema Frauen und Arbeit sollte alle Frauen interessieren, da sie ja unablässig bei der Arbeit sind. Das meiste davon allerdings geschieht unbemerkt: die Arbeit zu Hause zum Beispiel, die man nur sieht, wenn sie mal nicht getan wird; die Arbeit mit den Kindern von der Schwangerschaft über Stillperiode, Kleinkindphase bis hin zum Heranwachsendenalter; dann die Arbeit, die die Frauen in allen Sektoren des Erwerbslebens leisten; und schließlich die Arbeit, die die Frauen in den weniger entwickelten Teilen der Welt zu tun haben: Hausarbeit im weitest möglichen Sinn mit Arbeit auf dem Feld, Holzsammeln und der Fürsorge für zahlreiche Kinder. Mit anderen Worten: Die Welt der Arbeit ist den meisten Frauen durch und durch vertraut.

In den westlichen Ländern sind die Frauen mittlerweile ebenso gut, wenn nicht gar besser ausgebildet als viele Männer und sie gehen zunehmend einer Erwerbsarbeit außerhalb der eigenen vier Wände nach. Dennoch ist die Berufswelt weitgehend noch so organisiert, als seien Frauen nicht zugleich auch Mütter. Obgleich Väter von kleinen Kindern in einigen wenigen Fällen bereits damit begonnen haben, von ihren Arbeitgebern berufliche Bedingungen zu verlangen, die mit Vaterschaft kompatibel sind, ist die außerhäusliche Arbeitswelt größtenteils noch immer so gestaltet, als wenn Arbeitnehmer überhaupt keine familiären Pflichten hätten. Für Frauen ist dies ein besonderes Problem, weil Mutterschaft mehr noch als Vaterschaft für die Ernährung und die Erziehung

der Kinder wichtig ist, wie sehr man auch in der Theorie versuchen mag, Mutter- und Vaterrollen einander gleichzusetzen.
In der 70er-Jahre-Version des Gleichheitsfeminismus war es das Ziel, nachzuweisen, daß Frauen in allen Sphären ebenso gut wie Männer arbeiten könnten; doch dabei kam heraus, daß die Frauen lediglich die Männer nachahmten und deren Bedingungen im Berufsleben übernahmen. Vielleicht war dies unvermeidlich, um zunächst einmal Zugang zu den traditionell männlichen Berufssparten zu erringen und sich die Akzeptanz der Männer zu erwerben, doch kann es allerhöchstens ein kleiner Schritt sein auf dem Weg zu wirklicher Gleichheit für die Frauen.

Das wesentliche Ziel für uns Frauen besteht darin, Anerkennung dafür zu erlangen, daß wir anders sind als die Männer, und daß dies seinen Niederschlag in der Art und Weise findet, wie das Berufsleben organisiert ist.

Die Frauen fangen gerade erst an, die Bedeutung dieser Forderung einzusehen. Bislang haben sie die Doppelbelastungen von Familienarbeit und Erwerbsarbeit stets als Privatsache hingenommen. Sie mußten sich einreden, ihre Rolle als Mütter sei ohne Belang für ihre berufliche Arbeit und mußten besonders betonen, daß sie in vollkommen gleichartiger Weise wie die Männer ihre Arbeit tun könnten, das heißt: Die Tatsache, daß sie auch Mütter waren, durfte keine Auswirkungen am Arbeitsplatz haben.

Von Gleichheit weit entfernt

Die Frauen müssen daher heute ihre Arbeit als Mütter weit an den Rand ihres Lebens zurückdrängen, wenn sie in den Konkurrenzkampf um Jobs eintreten. Damit akzeptieren sie im Grundsatz, daß weiterhin die Männer die Bedingungen für die Arbeit bestimmen. Die herrschende Politik, die Einstellungen und Voraussetzungen für die Arbeit von Frauen im Westen sind nach wie vor weit von echter Gleichheit zwischen Männern und Frauen entfernt.
Hierbei ist von zwei Annahmen auszugehen: erstens, daß Frauen anders sind als Männer und spezifische Aufgaben als Mütter zu er-

füllen haben; und zweitens, daß sich dieses Anderssein möglichst bald auch in der Organisation ihres Arbeitslebens wiederfinden muß. Es ist also keine Privatsache, sondern Staat und Unternehmen haben auf diesem Gebiet ihre Verpflichtungen.
Da ich selbst die Diskriminierung, die dem Gleichheitsmodell der 70er Jahre inhärent ist, gespürt habe und aus praktischen Erwägungen im beruflichen Umfeld mich wie ein Mann zu betrachten gezwungen war, bin ich zutiefst überzeugt, daß die Frauen den Kampf um diese echte Gleichheit aufnehmen müssen.

Der Hauptmakel des Gleichheitsfeminismus war das Fehlen jeglicher anthropologischer Grundlage. Man starrte auf die Macht der Männer und stellte sich auf den Standpunkt, die Frauen müßten an dieser Macht nur teilhaben. Das war zu seiner Zeit nötig, doch nun ist es definitiv so weit, daß wir uns über die Unterschiede zwischen den Geschlechtern Gedanken machen sowie über die Arbeitslast, die das Muttersein nach sich zieht. Indem sie so taten, als gebe es diese Arbeit nicht oder als sei sie unwichtig, haben die Frauen hingenommen, daß sie die männlichen Rollenmuster im Arbeitsleben imitieren und ihre Mutterrolle privatisieren mußten.
Es gilt auch zu beachten, daß die Vorkämpferinnen des Gleichheitsfeminismus meistenteils die Mutterschaft verachteten oder sogar attackierten. In ihrem Modell der berufstätigen Frau hatte die schwierige Balance zwischen Mutterschaft und Beruf keinen Platz.
Erst jetzt, da die Vorherrschaft dieser Art von Frauen in weiten Teilen dem Ende zugeht und jüngere Frauen sich wieder für mehrere Kinder entscheiden sowie gleichzeitig auf einer Ebene mit den Männern ihren beruflichen Aufgaben nachgehen, ist die Zeit für eine echte Gleichheitspolitik gekommen. Das bedeutet unter anderem, daß das Berufsleben der Frauen abgeschirmt werden muß gegen jegliche Form von Diskriminierung, die die grundsätzliche Unterschiedlichkeit der Geschlechter nicht anerkennen will.
Die Unterschiedlichkeit von Mann und Frau muß als gegeben angenommen werden. Sie gibt Frauen das Recht auf andere Bedingungen in ihrer beruflichen Arbeit, als sie für Männer gelten. Dies

ist ein wirklich radikaler Ausgangspunkt. Vielen Männern wird er nicht gefallen.

Darüber hinaus ist die Arbeit der Mutterschaft in sich selbst nicht nur ein Vollzeit-Job, sondern eine Leistung, die an Wichtigkeit – auch für die Gesellschaft – jede andere Arbeit übersteigt. Einer der Elternteile sollte darum in die Lage versetzt werden, sich frei für die Arbeit zu Hause zu entscheiden, und der Staat sollte dafür sorgen, daß dies eine wirkliche Wahlmöglichkeit wird. Zumindest aber sollte der Staat anerkennen, daß Kinder viel Zeitaufwand erfordern. Heutzutage besteht diese Option in den meisten westlichen Ländern nicht. Frauen, die „nicht arbeiten", die „nur zu Hause" sind, werden lächerlich gemacht, herablassend behandelt und für zurückgeblieben gehalten. Zudem sind ihnen die sozialen Sicherungssysteme verschlossen. Krankengeld gibt es für sie nicht. Sie bekommen auch nicht wie ihre berufstätigen Schwestern in Skandinavien bezahlten Mutterschaftsurlaub. Ihre Arbeit gilt im Bruttosozialprodukt nichts, und sie erhalten, wenn überhaupt, nur die allerniedrigsten Renten. Daher ist die Option, zu Hause zu arbeiten, in den „fortschrittlichen" westlichen Ländern weitgehend inexistent, und Frauen, die dennoch Hausfrauen sind, müssen sich die negativsten Vorhaltungen gefallen lassen, insbesondere von Geschlechtsgenossinnen.

Aus meiner eigenen Erfahrung mit vier kleinen Kindern und gleichzeitiger Berufstätigkeit weiß ich, daß Frauen darauf bestehen müssen, daß ihre Arbeit als Mütter nicht nur allgemein anerkannt wird, sondern daß Arbeitsbedingungen geschaffen werden, die Familie und Beruf vereinbar werden lassen. Wenn eine Frau ihre Aufgaben als Mutter nicht erfüllen kann, wird sie auf lange Sicht auch im Beruf nicht gut sein; die Doppelbelastung wird sie überwältigen, und das existentielle Problem, das darin besteht, dauernd ihre Aufgabe als Mutter herunterspielen zu müssen, wird seinen Tribut fordern.

Sie muß in die Lage kommen, ganz sie selbst zu sein – als Mutter. Erst dann kann sie auch in der beruflichen Sphäre sie selbst sein. Diese Einsicht habe ich aus meinen eigenen Erfahrungen gewonnen, da ich mich lange Zeit in meinem Arbeitsleben nach den Bedingungen der Männer zu richten hatte und erst langsam stark und zornig genug wurde, um zu verlangen, daß meine Arbeit als

Mutter als wichtig erkannt und ich als Frau in dieser Hinsicht gegenüber den Männern respektiert werde.

Die Verbindung von Mutterschaft und Berufstätigkeit

In der Zeit, als ich gerade mein erstes Kind zu stillen hatte, mußte ich mit meinem Baby und meinem Ehemann nach Washington D. C. Ich war gebeten worden, eine Studie über den internationalen Erdgasmarkt zu verfassen, da ich zu der Zeit auf diesem Gebiet beschäftigt war. Von meinem normalen Job war ich wegen des Kindes beurlaubt.

Als wir in Washington ankamen, rief ich einen Freund an, der Energieberater ist. Er sagte: „Warum kommst du nicht zum Frühstück morgen früh im Capital Hilton?“ Die englische Sprache unterscheidet bekanntlich beim „you“ nicht zwischen einer und mehreren angeredeten Personen. Da der Freund aber von Frühstück sprach, nahm ich als Europäerin natürlich an, es handle sich um eine ganz private Zusammenkunft und das „you“ beziehe sich somit auch auf mein Kind und meinen Mann.

Am nächsten Morgen, als wir im Hilton ankamen, hatte das Baby Hunger. Es fing an zu schreien, und wie alle Mütter wissen, fing sofort meine Milch an zu fließen. Als wir den Speiseraum betraten, schrie der Kleine aus Leibeskräften. Darum setzte ich mich schnellstens zu unserem Freund an den Tisch, um dem Kind die Brust zu geben. Glücklich und vernehmlich fing es an zu saugen und ließ dabei, wie Babys es beim Stillen tun, ab und zu die Brust los.

Nun erst hob ich den Kopf, um den Freund zu grüßen. Doch da war völliges, unbehagliches Schweigen. Rund um den Tisch saßen zwölf Geschäftsmänner in Nadelstreifenanzügen, die auf eine norwegische Energieexpertin gewartet hatten. Dies war alles andere als eine private Zusammenkunft, sondern eine neuartige amerikanische Erfindung: das sogenannte Arbeitsfrühstück, durch das man noch mehr nützliche Zeit zu gewinnen versucht und auch noch die allerpersönlichsten Verrichtungen eines Frühstücks in Arbeit verwandelt.

Mein ganzes Leben lang werde ich nicht vergessen, was ein Arbeitsfrühstück ist. Die Männer um mich herum waren höchst un-

angenehm berührt, weil sie eine stillende Mutter mit ansehen mußten. In Europa – jedenfalls in Skandinavien und in Italien, wo ich alle meine Kinder nahezu überall stillen konnte – findet jedermann dies schön und vollkommen natürlich. Ja, man kommt sogar in Rom am leichtesten über die Straße, wenn man schwanger ist oder ein kleines Kind an der Hand hat; dann halten alle männlichen Autofahrer sofort an.
Ich dachte, das wäre auch in den USA der Fall, und so fing ich an, über Energiepolitik zu reden, während das Baby weitertrank. Doch die Männer am Tisch senkten den Blick, und das Gespräch kam nicht in Gang. Auch die Leute an den anderen Tischen – ebenfalls allesamt Geschäftsmänner – starrten mich an. Am Ende fühlte auch ich mich sehr unwohl.
Mir geht es hierbei gar nicht um Anklage; ich glaube nur, es ist eine lustige Geschichte, jedenfalls im Rückblick. Sie illustriert, daß Frauen es schwer haben, wenn sie als Mütter und gleichzeitig Berufstätige ganz sie selbst sein wollen. Ich habe meinen Kindern in vielen Konferenzen und an vielen Arbeitsplätzen die Brust gegeben, und nie hat jemand dabei das Gesicht verzogen. Für Mutter und Kind ist dies ein enormer Vorteil, denn es ist für die Mutter so viel einfacher, das Kind überallhin mitzunehmen, solange es klein ist. Muttermilch ist das allerpraktischste Nahrungsmittel, das es gibt; sie ist stets mit der richtigen Temperatur vorrätig. Darum ist es sowohl natürlich als auch sinnvoll, wenn wir unsere Kinder stillen können, während wir zugleich mit unserem Kopf ganz beim Beruf sind.

Auf zweierlei möchte ich damit hinweisen: Nicht nur müssen die rein praktischen Voraussetzungen geschaffen werden, um Mutterschaft und berufliche Arbeit miteinander zu kombinieren; wir Frauen werden auch uns selbst entfremdet bleiben, solange wir so tun müssen, als sei das Muttersein nur eine Nebenbeschäftigung, die wir uns in unserer Freizeit erlauben und die keine Auswirkungen auf unsere berufliche Arbeit hat. Sobald man erst einmal den Vorrang der Mutterschaft in einem persönlichen, existentiellen Sinn für sich akzeptiert hat, wird auch klar, warum viele Frauen infolge ihrer Mutterschaft dazu neigen, zu Hause zu arbeiten, und warum gerade dies eine äußerst wichtige Wahlmöglichkeit ist –

nicht nur der Kinder wegen, sondern auch zum Nutzen der ganzen Gesellschaft.

Die anthropologische Frage ist heute eine der drängendsten für die Identität der Frauen. Sie erleben, daß sie unglücklich sind, weil sie nach den männlichen Regeln arbeiten müssen und deswegen nur ein Kind oder womöglich überhaupt keine Kinder haben können. Der Gedanke, daß Frauen sich zwischen Kindern und Beruf entscheiden sollen, ist absurd in einer Zeit, in der Frauen oftmals besser ausgebildet sind als Männer, und den Frauen dämmert zunehmend diese Einsicht. Schließlich verlangt auch von den Männern niemand, daß sie zwischen Vaterschaft und Beruf wählen.
Genauso absurd ist es, die auswärtige Arbeit für wichtiger zu halten als die Arbeit mit den Kindern zu Hause. Im Gegenteil: Mehr und mehr kommen die Frauen zu der Erkenntnis, daß ihre Arbeit als Mütter von allergrößter gesellschaftlicher Bedeutung ist. Weder die männlichen Politiker noch die wenigen Frauen, die es in der Politik bis ganz oben schaffen, sind jedoch daran sonderlich interessiert. Es wird uns einiges kosten, wenn wir begreifen, daß die Arbeitsleistung der Frauen zu Hause wirklich zählt.

Frauen und Beruf: Einige Schlüsselstatistiken

Bevor wir über Frauen und Beruf sprechen, ist es nützlich, wenn wir uns einige wichtige Statistiken zu diesem Gebiet ansehen. Sie stammen aus der UN-Veröffentlichung „The World's Women – Trends and Statistics“ (Die Frauen der Welt – Trends und Statistiken), die wiederum auf Daten aus allen größeren UN-Organisationen basiert. Auf die weibliche Weltbevölkerung bezogen, faßt diese über die Situation der Frauen zusammen, daß Frauen mehr Arbeit zu leisten haben als Männer, doch daß der größte Teil dieser Arbeit unbezahlt ist. Frauen in Entwicklungsländern sind in ungeregelten Arbeitsverhältnissen oder in der Familie beschäftigt und haben keinen Zugang zu Krediten, Grundbesitz oder Einkommen. Im allgemeinen arbeiten Frauen in anderen Berufen als Männer, was weniger Entgelt und niedrigeren Sozialstatus bedeutet; zugleich aber obliegt ihnen weiterhin die größere Verantwortung für den Haushalt, auch wenn sie einen bezahlten Job haben. Im Westen verbringen Frauen ungefähr 30 Wochenstunden mit Hausarbeit, Männer dagegen nur zehn bis 15. Frauen haben all die traditionellen Pflichten im Haushalt zu erledigen, während die Männer sich der typisch männlichen Arbeiten in Haus oder Garten annehmen. Zwischen 1970 und 1990 ist der Anteil der Frauen an der Zahl der Erwerbstätigen global gewachsen. Im Westen liegt er bei etwa 40 Prozent.

Bei der Arbeitslosigkeit zeigen sich mehrere Unterschiede zwischen Männern und Frauen. In einigen europäischen Staaten sind Frauen in dieser Hinsicht sehr im Nachteil. In Spanien, Belgien, Italien und Deutschland liegt der Anteil arbeitsloser Frauen weit über dem der Männer. Auch bei der Jugendarbeitslosigkeit sind die Quoten der Frauen in den genannten Staaten einschließlich Frankreich weitaus höher als bei den Männern.

Sieht man sich die Arten der Beschäftigung an, zeigt sich, wie erwartet, daß Frauen auf dem Sektor der einfachen Dienstleistungen vorherrschen, doch es gibt auch eine zunehmende Zahl von Frauen in den Bereichen der Führungskräfte und des Managements. In Europa arbeiten mehr Frauen als Männer in Teilzeit, und sie verdienen trotz gesetzlicher Lohngleichheit weniger als Männer. Bezahlten Mutterschaftsurlaub gibt es in allen westeuropäischen Staaten, doch variiert dessen Länge erheblich: zwischen einem Jahr bei voller Lohnfortzahlung wie in Norwegen und bloß ein paar Wochen in anderen Ländern.

Frauenarbeit in Europa: Empirische Erfahrungen

Es sollte möglich sein, daß ein Elternteil zu Hause arbeitet und die Kinder großzieht, doch ist das heute in Europa durchführbar?

Ich bin keine Ökonomin, doch mich verblüfft nach wie vor die scheinbar unumstößliche Tatsache, daß es zu meiner eigenen Kinderzeit offenbar anging, eine Familie von einem Einkommen zu ernähren, wohingegen dies heute für einen Durchschnittshaushalt nirgendwo mehr möglich zu sein scheint. Dies hat natürlich viel mit dem Steuersystem sowie mit dem fehlenden politischen Rückhalt für Familien mit nur einem Einkommen zu tun.

Im skandinavischen Kontext galt es seit den 70er Jahren als ausdrückliches politisches Ziel, daß Frauen, wenn sie dies wünschten, mehrere Kinder haben, aber trotzdem nicht zu Hause bleiben sollten. Aus diesem Grund wurde es wirtschaftlich nahezu unmöglich gemacht, nur von einem Einkommen zu leben. In anderen Ländern gibt es bislang dieses politische Ziel nicht, doch auch dort sind zwei Einkommen anscheinend notwendig. Hinzu kommt, daß eine größere Zahl von Kindern auch ein höheres Familieneinkommen erfordert.

In Europa ist die strukturelle, also die nicht dem saisonalen Zyklus unterworfene Arbeitslosigkeit sehr hoch und nimmt weiter zu. Das heißt für Familien, daß eine große Zahl junger Menschen niemals an ihren ersten festen Job kommen und daß sie somit nicht in der Lage sind, eine Familie zu gründen. Auch die Frauen sind von der Arbeitslosigkeit stark betroffen, vor allem diejenigen, die wegen eines Kindes für einige Zeit aus dem Beruf ausscheiden wollen. In einer Phase, in der ohnehin ein Überschuß an Arbeitskräften besteht, wird der Markt kaum jemandem eine Jobgarantie geben.

Die gegenwärtige hohe Arbeitslosigkeit in vielen Teilen Europas behindert am allerstärksten die Gründung junger Familien. Besonders wirkt sich dies für Frauen aus, da sie Gefahr laufen, ihren Job zu verlieren, wenn sie Kinder bekommen. Häufig müssen beide Partner auch eine Beschäftigung finden, um ihre Studentendarlehen abzuzahlen; gerade diese Phase fällt zeitlich mit den besten Jahren für eine Familiengründung zusammen. Ein weiterer Nebeneffekt ist, daß man den Beruf so leicht nicht wieder aufgibt, wenn man erst mal einen hat; eine Pause zu machen, um ein Kind zur Welt zu bringen, zieht das Risiko nach sich, daß man am Ende den Job wieder verliert.

Zudem wird eine junge Frau, die sich um eine Stelle bewirbt, mit Fragen nach ihrem Kinderwunsch konfrontiert. Männer werden nie danach gefragt. Es steht außer Zweifel, daß Frauen, die angeben, daß sie Kinder haben wollen, in vielen Fällen den entsprechenden Job nicht bekommen. Wenn sie bereits Kinder haben, vermindert auch dies ihre Chancen. Die neueste Variante, mit der

Frauen die Erfüllung des Kinderwunsches schwer gemacht wird, lautet so: Wenn eine Frau sich bereits dem Ende ihrer fruchtbaren Lebensphase nähert und sich dann um eine Stelle bewirbt, kann es sein, daß sie deshalb den Job nicht bekommen wird, weil ihr potentieller Arbeitgeber unterstellt, sie wolle gewiß noch schnell ein Kind zur Welt zu bringen, ehe es zu spät dazu ist.

Es sollte Eltern auf irgendeine Weise freistehen, ob sie zu Hause arbeiten wollen oder in einem Beruf außerhalb der eigenen vier Wände. Vor allem für Frauen ist das wichtig. Diese Wahlmöglichkeit scheint derzeit nirgendwo in Europa gegeben zu sein, wenn man von durchschnittlichen Einkommensverhältnissen ausgeht. In den skandinavischen Ländern sind 70 bis 80 Prozent der Frauen, die Kinder unter fünf Jahren haben, außer Haus berufstätig. In Frankreich, Deutschland, Großbritannien liegt diese Zahl zwischen 45 und 64 Prozent. Sehen wir einmal ab von Kindern, das heißt: betrachten wir sämtliche Frauen in diesen Ländern, dann sehen wir, daß der Anteil der Berufstätigen unter den Müttern in Skandinavien höher ist, während er in Großbritannien und Deutschland etwas niedriger liegt und in Frankreich nur leicht ansteigt. [2]
Nur in Frankreich und Deutschland lohnt es sich, wenn der Ehemann durch Zusatzarbeitarbeit sein Einkommen erhöht, mehr, als wenn die Frau sich eine eigene Erwerbstätigkeit sucht. Eine umfassende schwedische Studie über die wirtschaftliche Lage der Familien in Skandinavien, Frankreich, Deutschland, Großbritannien und den Niederlanden hat ergeben, daß die Steuersysteme in Europa doppelte Einkommen begünstigen. Zielt man beispielsweise auf eine Steigerung des Familieneinkommens um 75 Prozent ab, so ist dies aufgrund der Steuerstrukturen in den genannten Ländern durch die Berufstätigkeit beider Ehepartner besser zu erreichen; das heißt: Es ist unter steuerlichen Gesichtspunkten vorteilhafter, wenn beide berufstätig sind, als wenn einer der beiden sein Einkommen um 75 Prozent steigert. Allein in Frankreich und Deutschland ist es geringfügig günstiger, wenn der eine Ehepartner sein Einkommen entsprechend erhöht.[3] In den skandinavischen Ländern dagegen besteht ein starker steuerlicher Anreiz dafür, daß beide Ehepartner Geld verdienen. Eine Familie mit

durchschnittlichem Einkommen hat praktisch gar keine andere Wahl, als die Berufstätigkeit beider Eltern. Die Frauen sind nicht nur generell berufstätig, während die Kinder klein sind; sie haben in der Regel auch während der ganzen Zeit Vollzeitstellen.

Hinzu kommt noch, daß die Frauen, da sie ja ebenso gut ausgebildet sind wie die Männer, allenfalls so lange zu Hause zu bleiben wünschen, wie die Kinder noch nicht zur Schule gehen. Daß sie die Möglichkeit dazu haben, halte ich für sehr wesentlich, und ich glaube, daß die meisten Frauen meiner Generation und die jüngeren Frauen generell mehr Flexibilität wollen in dem Sinne, daß sie zu Hause bleiben können, solange die Kinder noch im Säuglings- oder Kleinkindalter sind. Auch viele Männer wünschen sich eine solche Flexibilität.
Die Hausarbeit ist nicht mehr so zeitaufwendig und kräftezehrend wie noch vor ein oder zwei Generationen, doch die Arbeit mit kleinen Kindern hört natürlich trotzdem niemals auf. Diese Arbeit konzentriert sich aber auf die ersten zehn Lebensjahre der Kinder. Nach meiner Erfahrung wollen die wenigsten Frauen danach dauerhaft zu Hause bleiben; sie wollen ihre Bildung und ihre Fähigkeiten auch in die Berufswelt und die Gesellschaft außerhalb der eigenen vier Wände einbringen. Dazu ist mehr Flexibilität erforderlich, so daß einerseits genug Zeit da ist, solange die Kinder klein sind, und andererseits berufliche Chancen nicht verlorengehen, weil die Frauen über einen gewissen Zeitraum nicht auf dem Arbeitsmarkt präsent sind.

Das Heilmittel: Maximale Flexibilität zwischen 30 und 40

Die Phase zwischen 30 und 40 ist für die Frauen die kritische Zeitspanne, in der sie entscheiden, wieviele Kinder sie haben wollen. Bei dieser Entscheidung spielen allgemeine wirtschaftliche Gegebenheiten eine vermutlich ausschlaggebende Rolle. Allgemein ist davon auszugehen, daß einer oder beide Partner berufstätig sein müssen, um ein hinreichendes Einkommensniveau sicherzustellen. Ob die Mutter oder mehr und mehr auch der Vater zu Hause bei den Kindern bleiben kann, ist eine politisch zu entscheidende Frage. Wenn das Steuersystem dies unmöglich macht, besteht effektiv gar keine Wahl.

Wie ich oben gesagt habe, glaube ich, daß die meisten europäischen Frauen außerhalb der eigenen vier Wände arbeiten wollen, sobald die Kinder zur Schule gehen. Viele wollen auch vorher außer Haus arbeiten, doch wünschen sie sich flexiblere Bedingungen, als es sie heutzutage gibt, um für sich eine entsprechende Wahl zu treffen.
Die Familie mit kleinen Kindern ist nicht nur wirtschaftlich unter Druck, sondern auch zeitlich. Es ist nicht unwahrscheinlich, daß auch die Männer gerne mehr Zeit mit ihren Kindern verbringen würden und sogar einige Zeit oder ein paar Jahre zu Hause bleiben würden.
Eine endgültige Antwort kann hier nicht gegeben werden, aber es gilt die Notwendigkeit höherer Flexibilität zu unterstreichen, damit die Familie in die Lage kommt, selbst zu wählen. Die Zeiten, in denen immer der Vater die bessere Ausbildung hatte, sind definitiv vorbei; an vielen Hochschulen, so auch an der Universität Oslo, machen Frauen inzwischen die Mehrheit unter den Studenten aus.

Die Flexibilität, die ich in der kritischen Lebensspanne zwischen 30 und 40 befürworte, kann realistischerweise nur erreicht werden durch eine Kombination von politischen Maßnahmen und Veränderungen in den gesellschaftlichen Einstellungen. Unter politischen Maßnahmen verstehe ich nicht nur direkte Unterstützung wie beispielsweise in Form von Mutterschaftsurlaub, sondern auch indirekte Hilfen für die Familie mit kleinen Kindern durch steuerliche Vergünstigungen. Es darf keine Beschränkungen geben im Hinblick darauf, wer in der Familie wann und wo arbeitet. Dies ist eine politische Angelegenheit und eine politische Frage der Umverteilung.

Darüber hinaus fällt die Entscheidung für ein weiteres Kind unendlich viel leichter, wenn es großzügige Urlaubsregelungen unabhängig vom jeweiligen Arbeitgeber gibt. Eine Frau, die ein oder

vielleicht zwei Kinder hat, mag ohne kritische Einwände seitens ihres Arbeitgebers auskommen, denn das gilt ja immer noch als normale Familiengröße. Doch die Frau, die zum dritten oder vierten Mal schwanger ist, muß unablässig mit dem Gefühl leben, daß sie ihrem Arbeitgeber zu viel zumutet, weil sie immerzu schwanger ist. Als ich gerade mit meinem vierten Kind schwanger war und zur selben Zeit an meiner Doktorarbeit saß, fragte mich mein ansonsten immer sehr zuvorkommender Professor, ob ich denn die Arbeit jetzt überhaupt zu Ende bringen könne.
Wenn also eine Frau gegen den Strom schwimmt und mehrere Kinder zur Welt bringt, darf ihre Entscheidung nicht formal abhängig sein vom jeweiligen Arbeitgeber. Dieser sollte keine Möglichkeit haben, Druck auf sie auszuüben. Dazu ist es nötig, daß nicht der Arbeitgeber den Mutterschaftsurlaub bezahlt und daß die Frau einen förmlichen Anspruch darauf hat, danach ihre Stelle zurückzubekommen.

Schließlich ist noch über die Einstellungen zu reden; das sind Einstellungen der Unternehmer, der Männer und der Gesellschaft im ganzen. Die Arbeitswelt und das politische Leben in den westlichen Ländern ist gewöhnlich noch immer nach den Spielregeln der Männer organisiert. Damit meine ich: Kinder kommen in diesem Schema nicht vor. Der Grund, warum Frauen – das heißt vor allem Mütter mit kleinen Kindern – im politischen Leben kaum Platz finden und somit kaum politische Macht ausüben können, ist: Sie haben nicht die Zeit und können es sich nicht leisten, bis tief in die Nacht an irgendwelchen Sitzungen teilzunehmen oder einen Großteil des Jahres auf Reisen zu sein. Die meisten Frauen in der Politik haben entweder keine Kinder, oder diese sind schon erwachsen. Ich glaube, es besteht eine wirkliche Gefahr, daß diese Politikerinnen sich nicht für die Mutterschaft einsetzen, und männliche Politiker interessieren sich für dieses Thema noch weniger.
Gewöhnlich betrachten Männer Mutterschaft als „weibliches Problem“, soweit es das Verhältnis zur Berufstätigkeit betrifft, und die Männer sind nach wie vor rar, die im Berufsalltag auch ihren Teil der Verantwortung als Väter übernehmen. Wenn beide Elternteile berufstätig sind, ist es im Interesse der Hausarbeit und der Sorge um die Kinder erforderlich, daß auch die Väter ihren

Arbeitgebern sagen, daß sie wegen der Krankheit eines Kindes mal zu Hause bleiben oder ein Kind von der Schule abholen müssen. Nur wenn die Männer ihren Teil der Familienverantwortung übernehmen, wird es möglich sein, einen wirklichen Wandel in den Einstellungen der Arbeitgeber und in der Organisation der Arbeitswelt zuwege zu bringen. Dank der modernen Technik kann vieles auch in Heimarbeit erledigt werden oder außerhalb der gewöhnlichen Arbeitszeiten usw.

Dennoch bleibt es eine Tatsache, daß eine Familie mit kleinen Kindern genügend Zeit haben muß für die Kinder. Das hat wahrscheinlich zur Folge, daß beide Ehepartner während dieser Phase im Beruf weniger arbeiten als andere Personen. Dies ist eine politische Angelegenheit von allgemeinem Interesse, denn Kinder sind für jede Gesellschaft wichtig. Der Staat muß daher Familien aktiv unterstützen – in seinem ureigensten Interesse.

Ungleichheit in der Hausarbeit

Frauen, die außer Haus arbeiten und gleichzeitig kleine Kinder haben, haben in der Regel zwei Berufe auf einmal. Die „zweite Arbeitsschicht" macht einen vollwertigen Beruf aus, besteht aber aus gleichsam unsichtbarer Arbeit. In den egalitär strukturierten Staaten Skandinaviens gibt es kaum Möglichkeiten, eine Haushaltshilfe einzustellen, die über das Putzen und die normalen Au-pair-Tätigkeiten hinaus irgendwelche Hausarbeiten machen würde. Man müßte Hausangestellten einen Lohn zahlen, der etwa dem eines Industriearbeiters gleich käme. Die Folge davon ist, daß die Eltern den Löwenanteil aller Hausarbeit selbst zu erledigen haben.

Doch teilen Männer und Frauen sich diese Aufgabe zu gleichen Teilen? Die Antwort lautet ganz klar: nein. Nahezu ausnahmslos ist es die Frau, die die meiste Arbeit im Haus zu tun hat, ganz egal wieviel Stunden sie zuvor schon außer Haus gearbeitet hat: „Der Beitrag, den die Frauen in einem Haushalt von Doppelverdienern erbrachten, war fast dreimal so groß wie der der Männer".[4]

Es gibt dabei keine nennenswerten Unterschiede in den jeweiligen Staatsformen und Ländern. Im globalen Maßstab ist der

Kontrast zwischen Männer- und Frauenarbeit sogar noch größer. Die Pekinger Konferenz zeigte auf, daß die Hauptarbeit der Frauen unbezahlt und geringgeschätzt ist. In den Entwicklungsländern werden zwei Drittel aller bezahlten Arbeit von Männern geleistet. Im Westen ist das Verhältnis etwas ausgeglichener, doch auch hier bringen Frauen nur 34 Prozent ihrer gesamten Arbeitszeit mit bezahlter Arbeit zu, während es bei den Männern 66 Prozent sind.[5]

Der Grund, warum Frauen so viel arbeiten und Männer ihnen so wenig helfen, liegt in den Einstellungen, nicht in politischen oder wirtschaftlichen Anreizen. Wie sehr man solche Anreize vielleicht auch verstärken mag – die Männer bleiben trotzdem im Rückstand, wenn es um die Aufteilung der häuslichen Arbeit geht. Es gibt kleinere Abweichungen zwischen den europäischen Ländern in bezug auf die Zeit, die für Hausarbeit aufgewendet wird, doch der übergreifende Trend bleibt bestehen. Das legt den Schluß nahe, daß Frauen gerade in der Lebensphase, in der sie über die Zahl der Kinder entscheiden müssen, sehr stark beansprucht sind. Nicht nur der Beruf außer Haus und die Arbeit im Haus setzen ihnen zu, sondern auch die fehlende Arbeitsteilung in ihrer Ehe. Die Aussicht auf ein weiteres Kind ist unter solchen Bedingungen nicht allzu attraktiv.

Direkte Auswirkungen hat in diesem Zusammenhang auch das völlige Fehlen eines großfamiliären Umfeldes. Die Frauen in westlichen Ländern haben nur wenige oder gar keine Verwandten in der Nähe, die als Babysitter oder bei Krankheit oder sonstiger Abwesenheit aushelfen könnten. Der gewaltige Rückhalt, den Frauen in Entwicklungsländern in dieser Hinsicht besitzen, macht es weitaus leichter, sich für mehrere Kinder zu entscheiden. Meine afrikanische Kollegin in unserer Peking-Delegation hat genau wie ich vier Kinder, doch anders als ich konnte sie auf Verwandte zurückgreifen, die sich um die Kinder kümmerten, solange sie fort war – ein unerhörter Luxus für jemanden, der aus einer Gesellschaft wie der meinigen kommt.

Weiter vorwärts?

Wir können uns nicht ins Private zurückziehen, wenn es darum geht, die Vor- und Nachteile einer europäischen Familienpolitik für Mutterschaft und Beruf zu diskutieren. Die ökonomischen Parameter für die Familie hängen – in unterschiedlich starkem, aber doch beträchtlichem Maß – mit der Steuer- und Verteilungspolitik eines jeden Landes zusammen. Wie ich hier dargelegt habe, braucht die Familie aber auch die aktive Unterstützung des Staates.

Familien und insbesondere Mütter brauchen aktive politische Rückendeckung, wenn es um Mutterschaftsurlaub geht. Ich sehe keinen anderen Weg – in unserer derzeitigen schwierigen Arbeitsmarktlage – als eine unabhängige Jobgarantie für Mütter mit kleinen Kindern, so daß diese erstens nicht fürchten müssen, ihre Stelle zu verlieren, und zweitens während der Babypause Ruhe und Frieden haben und frei sind von wirtschaftlichen Sorgen. In dieser Hinsicht ist das skandinavische System sehr gut, aber es kostet viel Geld. Es muß möglich sein, Partnerschaften zwischen Staat und Unternehmern auf diesem Gebiet zu entwickeln, ohne daß die Qualität des Mutterschaftsurlaubs darunter leidet.

Ferner müssen erhebliche Anstrengungen unternommen werden, um bei den Arbeitsbedingungen mehr Flexibilität für Familien mit kleinen Kindern zu erreichen. Hier sind Partnerschaften zwischen Staat und Markt erforderlich, doch der Anstoß dafür wird wahrscheinlich nicht von Seiten des Marktes kommen. Heute sind Mütter ständig einem doppelten Druck ausgesetzt: den Arbeitsanforderungen, die von der männlichen Prägung der Berufswelt bestimmt sind, sowie den Anforderungen, die sich aus der Mutterschaft ergeben. Wenn wir zudem noch berücksichtigen, daß die Männer bei weitem nicht ihren Teil der häuslichen Aufgaben erfüllen, kann es kaum überraschen, daß die Familien so klein bleiben.

Um die Bedingungen für die Familien auf den erwähnten Gebieten zu verbessern, gibt es keine andere Möglichkeit als eine politische Mobilmachung, indem wir die politischen Einflußmöglichkeiten für den notwendigen Wandel nutzen.

Wollen wir wirklich eine freie Wahlmöglichkeit schaffen zwischen Familienarbeit und Berufstätigkeit, müssen gewaltige politische Veränderungen in den fortschrittlichen europäischen Wohlfahrtsstaaten stattfinden. Die Grundlage jeder Steuer- und Sozialpolitik muß die Familie sein, nicht der einzelne Bürger. Es gilt, ein Konzept für ein Familieneinkommen zu entwickeln. Die Arbeit zu Hause muß beim Bruttosozialprodukt mitgerechnet als vollwertige Arbeit sozial anerkannt werden, das heißt: mit Rentenanspruch und Krankengeld. Der Staat an sich hat kein Motiv, sich darum zu kümmern, weil dies neue soziale Verpflichtungen nach sich zieht. Zudem sehen die meisten Politikerinnen Hausarbeit nicht als wichtig an für das Vorwärtskommen der Frauen und versuchen daher sicherzustellen, daß diese Wahlmöglichkeit gar nicht erst entsteht. In den skandinavischen Ländern bekommen zum Beispiel nur die Frauen, die einen Beruf ausüben, bezahlten Mutterschaftsurlaub.

---

1 Dieses Kapitel geht zurück auf einen Vortrag vor der Vollversammlung der Päpstlichen Akademie der Sozialwissenschaften, 23.–26. April 1997.

2 Samhallets stød til barnfamiljerna i Europa, vol. 1, Finansdepartementets expertutredning, Ds 1996:49, Stockholm, S. 37.

3 ebda, Tabelle 6.3. Die Studie deckt alle ökonomischen Aspekte der Kinder- und Familienfürsorge in diesen Ländern ab.

4 Dorne-Huiskes, A. v., „The Unpaid Work of Mothers and House-Wives in the Different Types of Welfare States", in Føllesdal, A. und Koslowski, P. (Hrsg.): Restructuring the Welfare State: Ethical Issues of Social Policy in an International Perspective, Berlin 1997.

5 Human Development Report, United Nations 1995.

Kapitel VI

Die Diskussion über Emanzipation in unserem Land ist gekennzeichnet durch eine Art Verlogenheit in sexuellen Fragen. Jedermann weiß, daß Sexualität immer als etwas Privates und Intimes behandelt worden ist, und dies ist ganz natürlich. Vorzugeben, es handle sich lediglich um allgemeine Volkshygiene, ist verlogen. Wenn alle Einzelheiten des Geschlechtslebens öffentlich verhandelt werden, geht der Sinn für Natürlichkeit und Achtung verloren. Perversionen werden als natürlich hingestellt. Wer über längere Zeit in einer solchen Atmosphäre lebt, verliert jeden Sinn für das Gesunde und Normale an der Sexualität.

Sigrid Undset,
Et Kvinnesynspunkt, Oslo 1919

Verantwortlich

Verantwortlich für das Leben

In ihrem Mittelalter-Roman „Kristin Lavranstochter" beschreibt Sigrid Undset, wie die junge Kristin, voller Unruhe über die Umstände ihrer Heirat, nach einer langen Wanderung durch die Wälder Rast macht. Sie weiß, daß sie mit ihrem ersten Kind schwanger ist. Sie ist benommen und erschöpft – sichere Zeichen einer frühen Schwangerschaft. Plötzlich jedoch spürt sie die erste Bewegung des Kindes in ihrem Leib. Es ist, so schreibt Undset, wie das schwache Zittern eines schwimmenden Fisches, wenn man fühlt, daß irgend etwas das Wasser um einen herum bewegt. Ein unbeschreibliches Glücksgefühl durchfließt Kristin, und sie staunt über die neuartige Erfahrung von Leben in ihrem eigenen Körper. Einige Monate später bringt sie nach einer fürchterlichen, über Tage sich hinziehenden Tortur aus Schmerz und Angst, während der sie zu sterben meint, das Kind zur Welt. Es wird lebendig geboren; der Junge ist blutverschmiert, sieht aus wie rohes Fleisch – aber er ist gesund. Dies ist die tiefgreifendste existentielle Erfahrung in Kristins Leben.[1]

Mütter aller Zeiten werden sich in dieser Erzählung wiedererkennen. Die zarte Freude bei der ersten Bewegung des Kindes im Mutterleib, wenn es gerade mal drei Monate alt ist, läßt sich anderen Menschen kaum anders mitteilen als durch Vergleiche wie zum Beispiel mit einem Fisch im Wasser. Dann die Leiden einer Geburt, die eine Frau an die Grenzen des Schmerzes und der Todesfurcht bringt. Und die ungeheure Freude, wenn sie ihr eigenes Kind sieht; näher kann ein Mensch dem Schöpfungsakt wohl nicht kommen.

Neugeborene haben einen ganz eigenen Geruch, der sich nur wenige Tage hält. Es ist ein Geruch, den Mütter genau kennen und nach dem sie sich sehnen. Hält man das Kind auf dem Arm, riecht sein Kopf irgendwie süßlich. Tritt später dieser Geruch woanders

wieder auf, entstehen in der Erinnerung schlagartig wieder diese ersten Stunden des gemeinsamen Lebens mit dem Kind. In dieser Welt existieren nur die Mutter und das Kind – wie in einem Kokon. Jeder andere Mensch ist ein Eindringling.
Das Neugeborene ist ein wahres Wunder und stellt alles gewöhnliche menschliche Elend für einige Momente reiner, unverstellter Freude in den Schatten. Schnell hat die Mutter die Schmerzen der Geburt vergessen.
Mütter erinnern sich stets an diese Zeit ihres Lebens, und sie ist ihnen sehr teuer: Schwangerschaft, Geburt, Stillzeit. Natürlich ist es fast immer eine harte und schwierige Zeit, doch sie ist wichtiger als alles andere in ihrem Leben; wenn sie recht darüber nachdenken, ist es ihre tiefste menschliche Erfahrung.

Leben und Tod

Immer wenn ich am Osloer Krankenhaus vorbeikomme, wo ich entbunden habe (ein häßlicher Gebäudekomplex, den wir „føden" – Geburtshaus – nennen), sehne ich mich nach diesen seltsamen Tagen zurück. Jene erste Geburt – mitten in einer eiskalten Nacht im Dezember – zeitweise überwältigt von Schmerz und Angst, aber dann zu spüren, daß ich durchhalten konnte, daß ich stark genug war. All die Stunden jener ersten Entbindung, das Schwanken zwischen schrecklicher Angst und Selbstgewißheit, die mütterliche Fürsorge der Hebamme, die durch ihre Sicherheit und ihren Zuspruch meine Gefährtin wurde. Dann die Erschöpfung, als der Moment der Geburt endlich da war, der Schmerz und die Empfindung unterzugehen, zu sterben. Doch die Hebamme sagte seelenruhig: „Atmen und pressen, pressen, härter pressen!" Meine Schreie am Ende, derart fürchterliche, nicht mehr menschlich zu nennende Töne, wie von einem Tier in größter Not. Doch dann kommt der Kopf zum Vorschein, die schlimmsten Schmerzen sind vorüber, und die Hebamme sagt: „Nur noch einmal pressen!" Es scheint unmöglich. Es scheint, als müsse das den Körper auseinanderreißen, das ist der Tod. Doch ich presse, ich schreie, und der Körper wird herausgedrückt. Das Baby schreit zornig, voller Schrecken und Unwillen – ein himmlisches Geräusch!

Das Baby ist ein Wunder – viel größer, als ich erwartet hatte. Wie konnte so etwas aus mir herauskommen? Die Hebamme geht. Mein Kind liegt auf meinem Unterleib, wir zwei sind alleine in diesem Raum und im ganzen Universum. Als das Baby den vertrauten Herzschlag hört, schläft es ein.
Jede Geburt war einzigartig. Jedes Baby war einzigartig. Jedes Kind auf der ganzen Welt ist ein einzigartiges Wunder Gottes. Wenn ich zu dem grauen Krankenhausbau hinsehe, denke ich: Dort habe ich die seligsten Stunden meines Lebens verbracht!
Ein Kind zu bekommen, bedeutet im Leben viel mehr, als Karriere zu machen. Viele Frauen – und Männer – mögen über diese Aussage stutzen, doch wenn man es wirklich darauf ankommen läßt, werden die meisten zustimmen. Für eine Mutter ist die Geburt eines Kindes das einschneidendste Ereignis im Leben. Die Mühen der Schwangerschaft und der Geburt, die schwere Arbeit der Kindererziehung, die wirtschaftlich schwierigen Zeiten und die Sorgen um die Zukunft der Kinder und der Familie – dann die Freuden in der Kinderzeit, wenn man alle Arbeit und alle Sorgen vergißt, weil das Kind etwas Lustiges sagt oder etwas Neues gelernt hat oder einfach nur glücklich ist: das ist dann das Universum, und wir sind genau im Mittelpunkt. Was kann bedeutungsvoller sein als das? Was kann mehr Substanz haben in einem Menschenleben?
Die Freude darüber, daß man etwas von sich selbst weitergibt an die eigenen Kinder – was immer man ihnen nur geben kann – und daß man selbst gar nicht so wichtig ist. Sie zu anständigen Menschen heranzubilden, dabei zuzusehen, wie sie in eine Zukunft hineinwachsen, die man selbst nicht kennt – all das gibt eine tiefe innere Ruhe. Dann stellt man fest, daß das Leben nicht mit der eigenen kurzen Lebensspanne endet, sondern daß da eine Kontinuität besteht und ein verborgener Sinn, die sich erst allmählich entfalten.

Wir Frauen sind verantwortlich für das Leben – nur wir gebären Leben.
Wir Frauen sind verantwortlich für das Leben – nur wir entscheiden, ob abgetrieben wird.

Rückblende zum März 1997: Ich sitze beim Zahnarzt im Wartezimmer und blättere durch ein Wochenmagazin. Ein Artikel über eine Klinik irgendwo in Osteuropa: Einheimischen Schwangeren, die das gesetzliche Limit für erlaubte Abtreibungen schon überschritten haben, wird die Möglichkeit zu Spätabtreibungen angeboten – bis zum achten Monat; dafür sollen die Mütter ihre abgetriebenen Kinder dann für medizinische Verwendungszwecke zur Verfügung stellen. Ein amerikanischer Arzt betreibt die Klinik; die Patienten – viele leiden an Parkinson oder Down-Syndrom – werden aus dem Westen eingeflogen und bekommen für teures Geld Injektionen mit Gewebematerial aus frisch abgetriebenen Föten. Die Klinik nennt sich Forschungsinstitut. Bei dem Artikel steht ein Bild von einer Frau auf dem Operationstisch, an der gleich eine Abtreibung durchgeführt werden soll. Ein anderes Bild zeigt Helferinnen, die das abgetriebene Kind, das fast schon außerhalb des Mutterleibs lebensfähig gewesen wäre, in einen Plastiksack stecken. Das Kind wird tatsächlich während der Abtreibung umgebracht. Während des größten Teils der Prozedur lebt es noch, wird aber verstümmelt und am Ende getötet. Der einzige Grund dafür ist Profit; die Behörden lassen es zu.

Der Artikel berichtet ganz neutral. Kein Aufschrei der Empörung oder der Verurteilung klingt durch. Es ist einfach nur ein weiterer Text, der Aufmerksamkeit erheischt durch eine Mischung aus Action, Mord und Sex.[2]

Noch einmal März 1997: Zeitungen in Schweden und Norwegen berichten über ein neues medizinisches Verfahren am Huddinge-Krankenhaus in Schweden. Frauen, die ein Kind abtreiben lassen wollen, können vor der Abtreibung den Fötus für Experimente zur Verfügung stellen. Laut einem führenden Gynäkologen haben die Pharmafirmen eine Goldgrube aufgetan. Bislang konnten sie bestimmte Medikamente an Menschen nicht testen, doch jetzt können sie es, weil die betroffenen Menschen hinterher ohnehin getötet werden. So ist der Fötus nicht nur nach der Abtreibung von Nutzen, sondern auch vorher.

Die Ärzte in dem Krankenhaus betreiben derartige Experimente schon seit längerem, doch jetzt sind sie verpflichtet, dafür eigens eine Erlaubnis einzuholen; deswegen geht die Geschichte durch die Medien. Fachleute meinen, es handle sich um eine „komplexe ethische Frage", die „in all ihren Aspekten debattiert" werden müsse.

Was man bis dahin nur mit Laborratten und Affen anstellen durfte, das kann man jetzt mit Menschen machen. „Hier entsteht eine bedeutende pharmazeutische Zukunftsindustrie", sagt ein Arzt dazu, der darin große medizinische Vorteile – und ein paar Gefahren – sieht. [3]

Heute besitzen Frauen in der ganzen westlichen Welt das „Recht" auf Abtreibung. Doch diese Konsequenzen haben sie nicht vorausgesehen: daß sie eines Tages mithelfen würden, Menschen zu Versuchsobjekten für medizinische Experimente zu machen und ihre eigenen Kinder zu Rohmaterial für Medikamente. Föten sind bereits ein Riesengeschäft. Am Markt lassen sich Föten für viel Geld kaufen und verkaufen – das ist die Realität von heute.

Die Mütter werden dazu angehalten – sei es mit oder ohne gesetzliche Grundlage –, ihre Föten – ihre eigenen Kinder – nutzbringend zu verwenden. Zwar wird das als uneigennütziger Beitrag zur Wissenschaft hingestellt, doch das Großkapital steckt überall dahinter: die Pharmakonzerne und die illegalen Organhändler. Was ist denn in den oben genannten Beispielen legal und was nicht? Was in dem einen Land erlaubt ist, ist im anderen verboten – für einige Zeit jedenfalls noch. Doch was sind schon Grenzen? Wirtschaftliche Transaktionen finden heute im globalen Rahmen statt. Es gibt tausend Wege, die gesetzlichen Regeln in einem Land zu umgehen.

Die Verwendung von Föten vor und nach der Abtreibung wird als etwas Gutes hingestellt. Der Mutter wird gesagt, daß sie mithilft, andere Menschen gesund zu machen, und daß ihr Fötus dazu verwendet wird, bessere Arzneien herzustellen. Sie selbst hat vor und nach der Abtreibung kaum eine Chance, rational darüber nachzudenken, sondern ist ein Opfer in vielen, wenn nicht sogar in den meisten Fällen.

Doch dies ist ein politisches Thema, das die Frauen aufgrund ihrer Entscheidungen zu ihrem eigenen gemacht haben: Abtreibung. Männer, die es wagen, zur Abtreibung eine Meinung zu haben, sind unweigerlich Zielscheibe von Angriffen. Sie flößten den Frauen Schuldgefühle ein, heißt es dann, und sie mischten sich in

Dinge ein, über die sie gar nicht Bescheid wissen könnten. Abtreibung liegt somit nicht nur in der Entscheidung der Frau, sie lastet auch als Bürde auf ihr.
Zu Zeiten, in denen Sexualität nur noch unter individualistischem Aspekt gesehen wird, mag das vernünftig erscheinen. Schließlich bleibt das „Problem“ allzuoft an ihr allein hängen; der Mann wollte ja nichts weiter als ein unverbindliches Vergnügen – sie übrigens genauso.
Ist Sex nur noch ein individuelles Recht, dann sind Beziehungen unerheblich. Ist Sex ein Recht, dann hat er nichts mehr zu tun mit Selbsthingabe oder Liebe, sondern nur mit Erfüllung der eigenen Wünsche. Wenn das Ziel darin besteht, ein Recht auf sexuelle Befriedigung zu schaffen, dann braucht man den anderen als Person dazu nicht. Ist Sex nichts weiter als ein Mittel zur Befriedigung eines biologischen Bedürfnisses, das zu einem Recht umformuliert worden ist, dann ist es eher lästig, wenn daraus Kinder entstehen. Ist Sex erst einmal so trivialisiert wie derzeit im Westen, ist es eher ein Schock, wenn daraus das Wunder eines neuen Geschöpfes, ein einzigartiges Kind, entsteht. Es besteht in vielen geschlechtlichen Beziehungen ein starker Gegensatz zwischen dem Mangel an Liebe in der Beziehung und der Frucht der Liebe, dem Kind.
Heute ist Sex ein trivialer Zeitvertreib geworden. Er wird in den Medien bis zum Überdruß vorgeführt, und Frauen werden wie zu keiner anderen Zeit als Sexobjekte dargestellt. Heranwachsende und Kinder werden zunehmend unter sexuellem Aspekt gesehen, was die Mode oder die Musik angeht. Was immer einen Marktwert hat, wird angeboten.
Doch wenn Sex so vollständig abgekoppelt wird von Liebe und verbindlicher Zuwendung, wie es heute geschieht, fällt natürlich auch die Achtung vor der Mutterschaft fort, und Abtreibung wird zum Nebeneffekt „mißlungener“ sexueller Aktivität, das heißt: wenn es trotz Verhütung zur Empfängnis kommt. Es gibt also eine direkte Beziehung zwischen dem fehlenden Respekt für die Mutterschaft und der Ausbreitung der Abtreibung.

In gewisser Weise ist Abtreibung zu allen Zeiten ein Frauenproblem gewesen. Es gibt sie, solange es Sexualität gibt, und sie wurde

oft unter den grausigsten Umständen durchgeführt. Unzweifelhaft haben Frauen darunter physisch und psychisch am meisten zu leiden gehabt. Männer haben sich selten für diese dunkle Seite des menschlichen Lebens interessiert. Nur die großen Weltreligionen haben stets bis auf den heutigen Tag die Abtreibung als Tötung menschlichen Lebens verdammt.
Doch heute haben wir in den meisten Staaten des Westens die Abtreibung zu einem gesetzlichen Recht gemacht. Seit den frühen 70er Jahren ist das „Recht auf Abtreibung" das Hauptanliegen des Feminismus, und die Legalisierung der Abtreibung ist ein Ergebnis des politischen Kampfes von Frauen. Mittlerweile geht dieser Kampf auf internationaler Ebene weiter, vor allem in den Vereinten Nationen. Zur selben Zeit läuft ein ganz ähnlicher politischer Prozeß in Richtung Legalisierung der Euthanasie an, die nun ebenfalls als neues Menschenrecht entdeckt wird.

Die Legalisierung der Abtreibung markiert einen Wendepunkt in der politischen Kultur des Westens. Sie stellt einen totalen Bruch mit der jüdisch-christlichen Tradition dar, die diese Kultur historisch geformt hat. Sie verletzt nicht nur das Prinzip des Lebensschutzes, sondern verstößt auch gegen die Grundsätze, wie sie in politischen Prozessen gelten. Die Hälfte der betroffenen Bürger, die Männer nämlich, sind von ebendiesem Recht ausgeschlossen: Wenn Abtreibung ein allgemeines Bürgerrecht ist, dann fragt sich, warum Männer nicht auch in den Genuß dieses Rechtes kommen, sofern sie Väter sind.
Die Legalisierung der Abtreibung – also die erlaubte Tötung des allerschwächsten Menschen – öffnet den Weg zur Legalisierung der Tötung von anderen Menschen: Alten, Kranken, Behinderten, und in logischer Konsequenz auch solcher Menschen, deren Hautfarbe, Rasse oder Religion der jeweiligen Mehrheit nicht paßt. Die Armen und andere Menschen, die irgendwie zur Last fallen, könnte man auch noch nennen – womöglich sogar die Homosexuellen. Wir enden bei all jenen Gruppen also, die schon unter Hitlers Vernichtungsprogrammen umkamen.
Wo es keinen prinzipiellen Schutz der menschlichen Würde und des menschlichen Lebens mehr gibt, entfällt auch jede Möglichkeit, jene Bestrebungen zum Stillstand zu bringen, die bei jedem

Thema nur noch auf die Mobilisierung von Mehrheitsmeinungen setzen. Wenn alles nur noch Gegenstand politischer Meinungsbildung ist, geraten wir aus der Demokratie in eine Tyrannei der Mehrheit.

Abtreibung: Wessen Freiheit ist gemeint?

Sex ist und bleibt ein starker Trieb im Menschen, und viele Kinder werden außerhalb der Ehe gezeugt. Es gab eine Zeit, als ein Mann die Frau, die er geschwängert hatte, auch heiratete. Sie „mußten" heiraten, wie man damals sagte. Viele dieser Ehen wurden sehr glücklich, denn in der Tat hängt eheliches Glück nicht davon ab, daß man ineinander verliebt ist, sondern vom Willen und der Bereitschaft, die Ehe zu einer glücklichen zu machen.
War eine Heirat nicht möglich, gaben Frauen früher ihre unehelichen Kinder zur Adoption frei. Es muß unaussprechlich furchtbar sein, wenn man zu so etwas gezwungen ist, doch aus Sicht des Kindes ist dies unendlich viel besser, als abgetrieben zu werden. Heute macht die Sozialpolitik der westlichen Länder die Adoption unnötig; alleinerziehende Mütter gehören zwar zu den Gruppen in der Gesellschaft, denen es am schlechtesten geht, aber sie sind immerhin nicht mehr genötigt, ihre Kinder wegzugeben. In wirtschaftlicher Hinsicht besteht die Möglichkeit, das Kind zu behalten.
Trotzdem wird Abtreibung bei vielen ungeplanten Schwangerschaften als Lösung angesehen. In Skandinavien endet etwa jede vierte Schwangerschaft in einer Abtreibung. In anderen Staaten sieht die Zahl nicht viel anders aus. Die Jüngeren lassen am häufigsten abtreiben, dicht gefolgt von den Frauen, die schon Kinder haben und keine weiteren wollen. Der Vater des Kindes hat bei der Entscheidung nichts zu sagen.
Seit die Abtreibungspille erhältlich ist, wird die eigentliche Prozedur der Abtreibung noch weiter zu einer „medizinischen" Angelegenheit gemacht. Nach derselben Logik nennen Ärzte in ihren Fachzeitschriften den abgetriebenen Fötus häufig nur noch „uterines Produkt". Diese „Produkte" werden ganz einfach wie anderes Körpergewebe vernichtet, wie dies im Krankenhaus üblich ist, es

sei denn, sie werden für medizinische Zwecke gebraucht. Während totgeborene Föten oftmals beerdigt werden, werden abgetriebene vernichtet.
In Krankenhäusern und von Schulärzten wird den jungen Mädchen erzählt, Abtreibung sei die Lösung im Fall einer ungewollten Schwangerschaft, die nur deshalb auftritt, weil die Verhütung versagt hat. Ursache der Abtreibung ist also das vorherige Scheitern der Verhütung. Das Ganze erscheint einfach nur als technisches Problem.
„Sicherer Sex" ist das Maß aller Dinge bei der Verhütung; dazu gehört auch die Abtreibung. In der politischen und medizinischen Debatte, die darüber in Skandinavien geführt wird, geht es allein um die Zahlen, was immer das bedeuten mag.

Wie man im Westen die Abtreibung sieht, ergibt sich konsequent aus der Sicht der Sexualität, die hier vorherrscht. Wenn das „Recht" auf Sex zu einem individuellen Recht wird, das man ausüben darf, sobald man die entsprechende körperliche Reife erreicht hat, dann ist es offensichtlich, daß alle ungewollten Schwangerschaften auf pragmatische Weise gehandhabt werden müssen.
Nach Sigmund Freud hat Sex keine Bedeutung an sich; es handelt sich schlicht um einen wenig zielgerichteten biologischen Trieb, der befriedigt werden muß, damit ein Mensch nicht neurotisch wird. Jungen Leuten Enthaltsamkeit beizubringen, ist daher ungesund; dies kommt der Unterdrückung natürlicher Triebe gleich. Und wie uns die populärwissenschaftliche Analyse immer wieder deutlich gemacht hat, kann alles letztendlich als Ergebnis sexueller Unterdrückung erklärt werden. Die sexuelle Befreiung dagegen hat uns davon erlöst.
Erst jetzt erkennen wir die Konsequenzen dieser autistischen Sicht von Sexualität. Wenn die Sexualität nicht mehr Ausdruck einer tieferen Beziehung zu einem anderen Menschen ist – wie kann dann noch die Zeugung eines Kindes darin Raum finden, jenes Wunder, bei dem aus der Vereinigung zweier Menschen ein dritter und einzigartiger Mensch entsteht?
Wahrscheinlich ist es empirisch richtig, daß Sex wenig mit Liebe oder mit Verliebtsein zu tun hat. An den höheren Schulen Skan-

dinaviens wird Sex als die natürliche Aktivität einer natürlich erzogenen Jugend hingestellt; es kommt nur darauf an, daß sie „sicheren Sex“ lernt. Schwangerschaft ist nach dieser Logik eine unbeabsichtigte Folge, für die es irgendein Verfahren geben muß.
Für die männliche Seite ist das alles natürlich viel leichter. Der Mann kann einfach verschwinden und tut dies auch. Insofern erscheint das „Recht“ auf Abtreibung als logische Antwort für emanzipierte Frauen, die schon viel zu lange unter dieser Art von Männern zu leiden gehabt haben. Doch dieses Recht wird zum Paradox: Dem Mann wird es dadurch noch leichter gemacht als jemals zuvor in der Menschheitsgeschichte, sich einfach davonzustehlen.

Die Geschichte kennen wir doch alle. Er drängt sie zur Abtreibung: „Wir beide wollten doch nichts weiter als eine kleine Affäre. Mach mir mein Leben nicht kaputt!“ – Die Eltern der Frau sagen dasselbe: „Denk an deine Ausbildung. Du bist noch viel zu jung für ein Kind.“ Sie ist seit zwei Monaten schwanger und muß sich jeden Morgen übergeben, ist krank und müde, heult wegen jeder Kleinigkeit und ist emotional völlig instabil. Noch fühlt sie in ihrem Unterleib nichts. Das Kind in ihrem Inneren nimmt sie nur als Ursache all ihrer körperlichen und seelischen Beschwerden wahr. Jeder sagt ihr, sie soll es abtreiben lassen: die Gesellschaft, die Mediziner, die Lehrer, ihr Freund, ihre Eltern. Wie könnte sie dem widerstehen, selbst wenn sie heimlich diesen Gedanken gehabt haben sollte?
Nach der Abtreibung fühlt sie sich erleichtert. Ihr erstes ernstes Problem im Leben ist beseitigt. All ihre Lieben sind nicht mehr wütend auf sie. Sie ist noch jung und frei. Das Leben liegt vor ihr. Nichts hat sich geändert.
Später, vielleicht sehr viel später, geschieht trotzdem etwas mit ihr. Der Gedanke an das Kind, das sie niemals kannte, holt sie ein. Sie hatte es niemals auf dem Arm, hat es niemals angefaßt, nie gesehen. Doch es existierte einmal – als ihr Kind. Und sie fragt sich, wie es wohl gewesen sein mag und wie es wohl heute aussehen würde. Wie alt es jetzt wäre. – Es gab eine Zeit, da war sie eine Mutter.

Trauer wie um einen verstorbenen Menschen, der einem lieb und teuer war, beginnt sich zu entwickeln. Doch diese Art von Trauer ist schlimmer als jede andere, denn da ist kein Grab, das man besuchen könnte, und kein Mensch, mit dem man über dieses Kind reden könnte. Alle sagen, es habe niemals existiert. Sie will aufschreien: „Doch! Es war mein Kind, und ich habe es umgebracht, doch ich liebe es, und ich betrauere es!" Aber alle sagen, sie sei emotional nicht gefestigt, sie habe gar keinen Grund, so betrübt zu sein, und sie habe kein Recht, um jemanden zu trauern, der nie existiert habe.

Es gibt inzwischen in der Öffentlichkeit eine Auseinandersetzung über diese verlorenen Kinder. Frauen, die eine Abtreibung hinter sich haben, erzählen ihre Geschichte von echter Unterdrückung – nämlich von der Unterdrückung ihrer verlorenen Kinder. Es ist eine Erleichterung für sie, wenn sie auf diese Weise ihre Abtreibung und ihre eigene Schuld verarbeiten können. Sie warnen andere davor, es ihnen gleichzutun. Sie verurteilen nicht diejenigen in ihrer Umgebung, die ihnen damals zur Abtreibung rieten; sie verurteilen sich selbst, denn in ihrer tiefen Trauer suchen sie nicht nach einem Sündenbock, sondern versuchen, den Tatsachen treu zu bleiben, wie es wirklich war: daß sie selbst es zugelassen haben, daß das Kind im Schoß seiner Mutter getötet wurde – und erst jetzt erkennen sie, was sie getan haben.

Doch in vielen, vielleicht sogar in der Mehrzahl der Fälle sind es nicht diese Frauen, die man anklagen darf: All die Kräfte um sie herum haben zu dieser Tat beigetragen, obwohl diese Leute es hätten besser wissen können. Wenn man irgendeine Schuld zuweisen will, muß man sagen: Die „Strukturen der Sünde" haben den größten Anteil daran.

Parallel zu dieser Auseinandersetzung, die in sehr offener und ehrlicher Weise geführt wird, verläuft eine zweite Debatte. In ihr ist immer noch vom „Recht" auf Abtreibung die Rede, und das Wort „Kind" oder „Baby" wird tunlichst vermieden. Der Akt des Tötens wird hinter medizinischen Termini verschleiert; die Beteiligten werden nie bei ihren wirklichen Namen genannt, und natürlich ist es ganz und gar unerträglich, wenn jemand verlangt, daß die abgetriebenen Föten beerdigt werden sollten. Über Spätabtreibungen wird fast überhaupt nicht gesprochen; das würde das medizinische Personal einem zu hohen seelischen Druck aussetzen. Allem und jedem muß man andere Namen geben, die die Sicht benebeln und das Gewissen einlullen.

Doch wenn diese beiden öffentlichen Diskurse einmal aufeinanderprallen, kommt es zum Skandal. „Reden Sie doch den Frauen keine Schuldgefühle ein", sagen die Politiker und die Ärzte dann. „Wir fühlen uns nicht schuldig; die Frauen können doch selbst entscheiden", fügen sie hinzu. „Es ist ihr Recht und ihre Freiheit."

Als die Frauen beschlossen, Abtreibung ginge nur sie etwas an, nahmen sie den Männern auch jede Verantwortung dafür. Sie erklärten dem Kindesvater, er habe sich in dieser Sache nicht einzumischen, den abtreibenden Ärzten sagten sie, daß sie nur ihren Anweisungen zu folgen hätten, und den männlichen Politikern, die vielleicht an diesen Zuständen etwas ändern wollten, beschieden sie, daß sie sich um ihre eigenen Angelegenheiten kümmern sollten. Auf diese Weise sind die Männer letztendlich von diesem Feld verbannt worden. Keine Rechte – keine Verantwortung.

So haben die Frauen die gemeinsame Elternschaft als Rahmen für das Zeugen und Erziehen von Kindern praktisch abgeschafft. Sie haben damit einen großen Schritt gemacht in Richtung Zerstörung der Familie als gesellschaftlicher Institution. Die Mutter-Kind-Beziehung ist abgetrennt worden von der Eltern-Kind-Beziehung, und die Mutter-Kind-Beziehung ist wiederum geschwächt worden durch die Behauptung, der Fötus sei kein eigenständiges Wesen, sondern nur ein Teil des weiblichen Körpers. Letzteres Argument bietet selbstverständlich die einzige Möglichkeit, um plausibel zu machen, warum nur die Mutter, nicht aber der Vater bei der Entscheidung zur Abtreibung etwas zu sagen haben soll.

Unsere politische Problemdefinition sieht also folgendermaßen aus: Die Frauen entscheiden selbständig über eine mögliche Abtreibung, weil ja der Fötus nur ein Teil ihres Körpers ist und kein eigenständiges Individuum mit eigenen Rechten. Darum spielt der Vater keine Rolle.
Für die rein willkürliche Festlegung, wann der Fötus plötzlich zum Kind wird, wird darüber hinaus keine Grundlage genannt; wir wissen aber alle, daß diese Grenze in der westlichen Welt von Land zu Land variiert. Gewöhnlich werden nicht einmal medizinische Indikationen bemüht, um die Entscheidung für eine Abtreibung zu begründen; im Fall von Spätabtreibungen mag es zwar verschiedene medizinische oder quasi-medizinische Richtlinien geben, doch heute gelten Abtreibungen vielfach als zulässig, sobald bei dem Fötus irgendwelche Krankheiten oder erblichen Schäden diagnostiziert werden. Jeder kann indessen auf Ultraschallbildern schon im frühen Stadium der Schwangerschaft das kleine, voll ausgebildete Kind erkennen. Es gibt keinen Zweifel, daß wir Jahr für Jahr heimlich, still und leise Millionen von kleinen Menschenwesen töten. Angesichts der modernen medizinischen Kenntnisse kann dies niemand bestreiten.

So kommt es, daß wir auf der einen Seite eine politische Rhetorik verwenden, die als ideologischer Schleier funktioniert und die Fakten unterdrückt, und daß wir zugleich die Abtreibung unter den Schutz einer politischen Korrektheit stellen, die den Männern in dieser Sache kein Recht auf eine eigene Meinung zugesteht; auf der anderen Seite wissen wir medizinisch immer mehr darüber, zu welchem Zeitpunkt menschliches Leben beginnt und in welchem Stadium die Leibesfrucht ein voll entwickeltes menschliches Wesen ist.

---

1 Sigrid Undset: Kristin Lavransdatter, Bd. 1: „Kransen", Aschehoug, Oslo 1922 (deutsch: Kristin Lavranstochter, Bd.1: „Der Kranz", Freiburg 2000)

2 Vi Menn (norweg. Zeitschrift), Nr. 3, Oslo 1997

3 „Forsking på foster kan verta storindustri", Vårt Land (norweg. Tageszeitung), Oslo 1.3.1997

Kapitel VII

Das Kind gehört weder Vater noch Mutter, sie sind nur Verwalter dessen, was eigentlich Gott gehört.

Sigrid Undset,
Et Kvinnesynspunkt, Oslo 1919

Leben und Tod

Der Kampf um Leben und Tod

Was an der Abtreibungspolitik am meisten beunruhigt, ist die Erhebung der legalisierten Abtreibung zum Menschenrecht oder genauer zum Frauenrecht. Dies ist deshalb so problematisch, weil Menschenrechte per Definition für alle in gleicher Weise gelten müssen – die Ungeborenen eingeschlossen. Rechte sind mehr als politische Trends, legitimiert von der öffentlichen Meinung und von der demokratischen Mehrheit. Wenn Rechte nicht mehr sind als das, dann haben sie auch keine Bedeutung; das Recht ist dann nichts weiter als „Politik mit zeitlicher Verzögerung". Demokratie ist nichts weiter als ein beständiger Prozeß. Es gibt keine Sicherheit dagegen, daß eine Mehrheitsmeinung der Minderheit aufgezwungen wird, und keinen Schutz für solche Rechte, denen sich eine Mehrheit widersetzt.

Seitdem die Abtreibung legalisiert wurde, steht fest: Es gibt keinen allumfassenden Schutz für das menschliche Leben; das Leben kann einem Menschen aus den oberflächlichsten Gründen genommen werden, wie z. B. Rasse, Religion, Krankheit, Alter, Hilflosigkeit usw. Der politische Prozeß, als nächstes die Euthanasie zu legalisieren, ist im Westen bereits weit fortgeschritten, und man wird hier kaum gegen die Anwendung des Mehrheitsprinzips streiten können, wenn man dasselbe Verfahren bereits bei der Legalisierung der Abtreibung gebilligt hat.

Für den politischen Prozeß, der in der Freigabe der Abtreibung und ihrer Etablierung als Quasi-Menschenrecht endete, tragen hauptsächlich die Frauen die Verantwortung. Hier stoßen wir auf einen kopernikanischen Wendepunkt im politischen Denken und Handeln des Westens, denn Menschenrechte wurden umdefiniert in der Weise, daß aus Macht nun Recht werden kann. Statt die Abtreibung weiter als das betrübliche Vorkommnis zu behandeln, das sie zu allen Zeiten war, hat man daraus das neue Menschenrecht schlechthin gemacht, das einer exklusiven Gruppe zusteht, nämlich nur den Frauen. Dieses Recht ist nicht in entsprechenden Dokumenten festgehalten und auch nicht aus einer Hierarchie von Rechten abgeleitet, in der das Recht auf Leben immer an erster Stelle stehen muß; dieses Recht ist lediglich eine zweckmäßige und pragmatische Lösung für ein bestimmtes „Problem“. Durch diese Rechtssetzung ist jedoch die entscheidende Verknüpfung zwischen Recht und Politik, die für eine freiheitliche Demokratie grundlegend ist, zerstört worden. Der allmählichen Auflösung des Begriffs der Menschenrechte an sich steht nichts im mehr im Weg.

Dieser These, die meines Erachtens zentral ist für die ganze Krise unserer modernen Demokratie, will ich mich weiter unten näher zuwenden. Der Weg jedenfalls von den Kriegsverbrecherprozessen in Nürnberg, auf denen die jedem Menschen innewohnende Würde und die daraus sich ableitenden höheren Gesetze herausgestellt wurden, bis hin zur Freigabe der Abtreibung in genau denselben Staaten, die damals an den Nürnberger Prozessen beteiligt waren, ist auffallend kurz. Da die Frauen dabei eine maßgebliche Rolle gespielt haben, müssen auch die Frauen den ersten Schritt tun, um das zu heilen, was dabei zerbrochen ist. Im letzten Kapitel will ich versuchen zu zeigen, wie das gehen könnte.

Abtreibung: Wessen Recht?

Die freiheitliche Demokratie ist das normative Modell für die meisten europäischen Staaten und die einzig akzeptable Regierungsform im Westen. Selbst unter den bekennenden Skeptikern, die keine Werte und keine Normen als universal anerkennen, wird man schwerlich einen finden, der die Demokratie als solche ablehnt. Alle stimmen darin überein, daß diese Regierungsform die beste ist – oder jedenfalls die beste, die man bekommen kann, solange es Platons Philosophenstaat nicht gibt.

Nach und nach hat diese Regierungsform die gesamte Bevölkerung ab einem bestimmten Alter einbezogen, indem das Wahlrecht immer weiter ausgedehnt worden ist; es finden sich repräsentative Einrichtungen und periodisch wiederkehrende Wahlen.

Die gewählten Politiker sind dem Wahlvolk gegenüber verantwortlich und können bei der nächsten Wahl abgewählt werden. Die Regierung muß dem Parlament Rechenschaft geben, und die Gewalten der Gesetzgebung, Exekutive und Justiz, sind formal getrennt. Die Verfassungen enthalten vielfach eine Erklärung, in der die fundamentalen Bürgerrechte festgehalten sind, zu denen typischerweise die Rechte auf Leben, Freiheit, Eigentum, freie Religionsausübung, Versammlungsfreiheit und Meinungsfreiheit gehören. Die französische Verfassung dient in dieser Hinsicht als Modell für viele europäische Verfassungen.
Diese fundamentalen Normen werden allgemein als höherwertig angesehen als andere Gesetze und als so grundlegend, daß sie nicht verändert werden dürfen. Um eine Verfassung zu ändern, müssen Parlamente darum langwierige und umständliche Verfahren durchlaufen. In manchen Ländern gibt es zudem besondere Verfassungsgerichtshöfe, die zu interpretieren haben, was in der Verfassung wirklich steht. Kurz gesagt: Die modernen Demokratien sind mit einem Kodex höherer Rechtsnormen ausgestattet, von denen man annehmen darf, daß sie über jede politische Veränderung erhaben sind und die darum nicht dem politischen Prozeß unterliegen.

Wie aber sind diese Normen entstanden? Woher kommen sie? Im französischen „Code civil" sind sie schlicht durch Abstimmung zustandegekommen, wie es auch in vielen anderen Verfassungen der Fall war. Für John Locke, den philosophischen Vorläufer der modernen Demokratietheorie, liegen diese fundamentalen Normen auf der Hand, sie sind „selbst-evident". Es gebe einige höhere Normen, so sagt er, und man könne über sie nicht diskutieren. Doch sie sind durch Einführung eines „Gesellschaftsvertrages" im Rousseauschen Sinne entstanden. Sie sind nicht der Politik vorgelagert, sondern gehören zum Menschen in seiner Eigenschaft als Mensch.

Die moderne Demokratietheorie ist aus der Theorie des Gesellschaftsvertrags erwachsen und beruht auf drei Grundvoraussetzungen:
Erstens: Es gibt auf der Hand liegende Rechte, die das Individuum besitzt und die durch die Verfassung geschützt sein müssen. Diese

Rechte werden freilich nur als solche postuliert; sie werden nicht aus dem Naturgesetz hergeleitet.
Zweitens: Die Notwendigkeit, diese Rechte zu schützen, führt zur Schaffung einer Gesellschaft in Form eines Gesellschaftsvertrages. Die Annahme lautet: Im Urzustand verfolgt der Mensch sein Eigeninteresse in der Form, daß er bestrebt ist, seine Macht zu maximieren; er muß dabei jedoch vor den anderen Menschen beschützt werden.
Drittens: Der Staat nimmt in dem Pluralismus der voneinander isolierten Individuen die minimalistische Funktion eines Schiedsrichters ein. Der Staat selbst ist nicht Träger von Werten, sondern die Politik ist wertneutral. Sein institutioneller Apparat ist heute weitgehend das Produkt der freiheitlichen, westlichen Demokratie.

Können Mehrheiten die Rechte verändern?

John Stuart Mill, Alexis de Tocqueville und andere machten sich im vorletzten Jahrhundert viele Gedanken über das Problem der Tyrannei der Mehrheit. Mills Buch „On Liberty" von 1859, das klassische Plädoyer für die Freiheit als höchste Norm, kreist geradezu um dieses Thema:
„Schutz gegen die Tyrannei der Obrigkeit reicht nicht aus; es bedarf auch des Schutzes gegen die Tyrannei der vorherrschenden Meinung und des Gefühls, ... gegen die Neigung der Gesellschaft, ... ihre eigenen Ideen und Handlungsweisen auch jenen als Verhaltensregeln aufzuerlegen, die diesen nicht zustimmen ... Es gibt eine Grenze für das Maß, bis zu welchem sich die allgemeine Meinung in die Unabhängigkeit des einzelnen einmischen darf, und diese Grenze zu finden, ist für den guten Zustand der menschlichen Angelegenheiten ebenso unabdingbar wie der Schutz gegen politische Willkür."

Einerseits erblickte Mill in der Demokratie die Gefahr einer solchen Tyrannei, andererseits aber wußte er dieser Tendenz nicht zu begegnen. Das lag daran, daß seine Prämissen in sich nicht schlüssig waren. Er setzte Toleranz und Liberalität als höchste Norm voraus und behauptete, alles sei erlaubt, solange anderen dadurch kein Schaden zugefügt werde. Politik ist demnach wertneutral, und nur wenn man jemand anderem schadet, darf man dessen Freiheit beschneiden. Dennoch ging Mill ganz klar davon aus, daß bestimmte Handlungsweisen und Normen richtig und wahr sind, andere dagegen nicht; nur konnte er keine Argumente dafür beibringen, da ihm die Kriterien für einordnende Werturteile fehlten. Die Aussage, was schädlich ist und was nicht, liegt letzten Endes in der subjektiven Meinung begründet, und da der Staat hier irgendwie zu Entscheidungen kommen muß, ist es unvermeidlich, daß die Politik eben doch Werte verinnerlicht und Werturteile fällt.

Wir stehen heute demselben Problem gegenüber wie Mill. Toleranz und Liberalität sind nahezu die einzigen Normen, die die Demokratie akzeptiert und sie sind auf jeden Fall die höchsten Normen. Dies erleben wir unablässig in der öffentlichen Debatte: Neue Interessengruppen fordern für sich Schutz vor Einmischung, verlangen Toleranz für ihre Ziele, was auch immer deren moralischer Gehalt sein mag. Ethik und Moral, so meint man, gehörten erstens in die Privatsphäre jedes einzelnen und seien zweitens ohnehin rein subjektiv. Wertepluralismus ist die wichtigste Schlüsselvoraussetzung.

Wenn dies so ist, wie können dann fundamentale Normen überhaupt geschützt werden? Die Demokratie funktioniert jeweils nach dem Prinzip der Mehrheitswahl. Sogar Verfassungen können demnach durch Parlamente geändert werden, wenngleich das entsprechende Procedere mehr erfordert als einfache Mehrheiten und auch zeitaufwendiger ist. Die Grundannahme ist jedoch, daß alle politische Macht beim Volk liegt, das diese in Form eines Gesellschaftsvertrages den Institutionen des Staates überantwortet. Selbst die in der Verfassung verankerten Grundrechte haben, so mag es scheinen, ihren Ursprung im Willen des Volkes. Doch ist das wirklich der Fall? Hier offenbart sich vielmehr, daß die „Selbst-Evidenz" der individuellen Grundrechte, die einfach nur vorausgesetzt werden, sich mit der heutigen Tendenz, diese Rechte durch Mehrheitsvoten umzubiegen, nicht in Einklang bringen läßt.

Nach der klassischen Demokratie sind die verfassungsmäßigen Rechte außerhalb der Reichweite irgendwelcher Mehrheitsentscheidungen, auch wenn die Verfassungen verändert werden können. Die Rechtsprechung hatte von der Gesetzgebung unabhängig zu sein, so daß sie die Verfassung interpretieren und zugleich schützen konnte. Der entscheidende Punkt im Hinblick auf das Verhältnis von Recht und Politik liegt jedoch nicht in den Varianten des institutionellen Aufbaus eines Staates, sondern in der Frage, wo der Ursprung des Rechts gesehen wird. Wenn alles auf politische Prozesse reduziert werden kann, dann kann es auch bei prinzipiellen Menschenrechtsfragen keinen Schutz vor der Anwendung von Mehrheitsentscheidungen geben.

Die Autonomie der Privatsphäre ist für die Demokratie essentiell, ebenso wie die Achtung vor der Entscheidung des einzelnen in solchen Fällen, in denen individuelle Normen mit denen der Gesellschaft in Konflikt geraten. Dies ist jedoch nicht ausreichend. Im klassischen Modell erfüllte der Staat nur Minimalfunktionen, dessen Aufgabe darin bestand, die Dinge zu tun, die vernünftigerweise auf privater Ebene nicht zu bewältigen waren: Verteidigung nach außen, Polizeischutz, Post, Energieversorgung und Aufbau der Infrastruktur. Die historische Weiterentwicklung des Staates hat die öffentliche Sphäre immer weiter ausgedehnt und den Wohlfahrtsstaat hervorgebracht, mit staatlichen Schulen und sogar mit Staatskirchen. Wie auch immer man zu dieser Entwicklung stehen mag, so ist es doch klar, daß zu einer gesunden Demokratie ein privater Sektor gehören muß, in dem sich jeder autonom mit anderen zusammentun kann, in dem ein freier Austausch herrscht und eine gewisse Distanz besteht zwischen Politik und Recht; dieses Erfordernis kommt zu den Bedingungen der Gleichheit vor dem Gesetz und der politischen Partizipation noch hinzu.

Das größte Problem der modernen westlichen Demokratie ist jedoch die Reduktion aller ethischen auf rein pragmatisch-politische Fragen. Das manifestiert sich erstens in der mangelnden Achtung vor dem menschlichen Leben in jenen Formen, die sich nicht einem utilitaristischen Konzept unterwerfen: die Ungeborenen, die Behinderten, die Alten und Kranken; und zweitens darin, daß die Frage, ob man dieses Leben auslöschen darf, einem prag-

matischen, auf Mehrheitswillen beruhenden Entscheidungsprozeß zugeführt wird.
Diese empirische Entwicklung zeigt, daß das Recht auf Leben, wie es in den Verfassungen und in internationalen Menschenrechtsdokumenten verankert ist, wenig oder überhaupt kein Gewicht hat, wenn dagegen feministische, wirtschaftliche oder andere Interessen ausgespielt werden. Mehr aber noch zeigt sich, wie weit die moderne Demokratie schon auf den reinen Prozeß der Mehrheitsfindung reduziert ist. Da Toleranz die einzige Norm ist, zu der der Staat sich bekennt, macht dieser Prozeß geradezu die Essenz der Demokratie aus. Diese Entwicklung paßt nicht in die Rechtsstaatstradition, die auf dem Vorrang höherer, unveränderlicher Normen und auf der Unabhängigkeit jener Institutionen beruht, die über diese Normen zu wachen haben.

Die Legalisierung der Abtreibung

Ungefähr vor 30 Jahren trat die Abtreibungsfrage in den öffentlichen Debatten des Westens in den Vordergrund. Jedermann wußte, daß es Abtreibungen in der Heimlichkeit der Privatsphäre zu allen Zeiten gegeben hatte. Nun verlangten die Frauen, daß der Staat diese ausführen müsse. Ihr Argument war rein pragmatisch: Abtreibungen kommen vor, darum muß man sie „sicher" machen. Die Abtreibung wurde zum Politikum, das heißt: Sie wurde auf die öffentlich-politische Ebene gehoben, und zwar durch feministische Interessengruppen.
Die Debatte hatte sich auf rein pragmatische Fragen zu beschränken, da der Staat nicht in der Lage ist, Wertentscheidungen zu treffen. Er repräsentiert keine Normen; die verfassungsmäßigen Normen sind vielmehr nur dazu da, den einzelnen vor der Verletzung seiner Privatsphäre zu schützen. Der Entscheidungsprozeß in der freiheitlichen Demokratie hängt ab von den Mehrheiten, doch wenn es im Kern einer Debatte um die universellen Normen von richtig und falsch geht, dann ergibt dieses Verfahren keinen Sinn. Also wird die politische Diskussion auf rein pragmatische Fragen umgelenkt.
Im Fall der Abtreibungsdebatte geht der wütende Kampf vor allem darum, unter welchen Voraussetzungen über dieses Thema disku-

tiert werden soll. Wird die Frage gestellt, unter welchen Bedingungen man überhaupt einem Menschen das Leben nehmen darf, dann müssen die verfassungsmäßigen Normen des Rechts auf Leben und die institutionellen Instrumente zur Durchsetzung der Menschenrechte, die der Staat als höchste Norm besitzt, in die Debatte miteinfließen. Wird die Diskussion jedoch in pragmatischer Form geführt – z. B. als ein Teil der Frauenfrage –, dann ist das nicht erforderlich.

Daher war die Abtreibungsdebatte bereits entschieden in dem Moment, als man beschlossen hatte, in welcher Weise man darüber reden würde. Doch die Abtreibung markiert einen Wendepunkt in der westlichen Politik genau deshalb, weil hier die Sichtweisen dessen, was ein legitimer demokratischer Prozeß ist, vollkommen auseinanderfallen.

Das auf Prinzipien zurückgreifende Nachdenken über ethische Fragen wurde wegdefiniert und durch Interessenpolitik ersetzt. Derselbe politische Prozeß läuft jetzt bei der Euthanasiedebatte an, die nun in Skandinavien, Australien, den USA und anderen westlichen Staaten auftritt. Gerade werden die Regeln der Debatte festgelegt. So tauchen beispielsweise in der Presse Berichte über die zunehmende Zahl von Menschen auf, die für aktive Sterbehilfe sind, über Ärzte, die dies hilfreich für den Patienten halten, über Euthanasie als neues Menschenrecht, über das man selbst frei bestimmen müsse usw. Mit anderen Worten: Es ist ein Prozeß im Gang, durch den versucht wird, dieses Thema zu pragmatisieren, so daß sich leicht darüber in Form eines Mehrheitsvotums entscheiden läßt. Gleichzeitig treiben Interessengruppen einen zweiten Prozeß voran, durch den Abtreibung und Euthanasie zu neuen Menschenrechten erklärt werden sollen.

An diesen Beispielen zeigt sich, daß der politische Diskurs über ethische Themen in einer freiheitlichen Demokratie de facto pragmatisch abläuft. Wie ich darüber hinaus gezeigt habe, muß er dies sogar notwendigerweise, weil er sonst den zentralen Grundannahmen und Institutionen der freiheitlichen Demokratie zuwiderlaufen würde, wonach Mehrheiten über alles entscheiden, Politik „wertfrei" zu sein hat und jede Ethik in die Privatsphäre gehört. Doch auch diese Politik ist zum Teil bereits in verrechtlichte

Sprache gegossen: das „Recht" der Frauen auf Abtreibung, das „Recht" alter Menschen auf Sterbehilfe usw. Doch diese verrechtlichte Sprache wird getragen von pragmatischen Argumenten: Weil Frauen Abtreibungen durchführen lassen, haben sie ein Recht dazu; weil viele Menschen Euthanasie akzeptieren, ist sie ein Recht. Hierbei findet keine Diskussion darüber statt, welche Themen eigentlich in die Privatsphäre gehören; die Strategie zielt ja gerade darauf ab, sie in die öffentliche Sphäre zu ziehen. Es gibt keine Hierarchie der Prinzipien, wonach festzulegen wäre, was wirklich ein allgemeines und somit politisches Problem ist und was nicht. Wir stehen vor einer vollkommen konfusen Debatte, die von Interessengruppen gesteuert wird.

Wie weit geht diese Entwicklung inzwischen? Abtreibung ist in vielen westlichen Ländern quasi zu einem Recht geworden und breitet sich weiter über Europa hinaus aus. Auch Euthanasie ist in einigen Ländern bereits zum Teil legalisiert, und ich bin überzeugt, daß es nur eine Frage der Zeit ist, wann sie ganz legal sein wird. Die rechtliche Sprache, die zur Durchsetzung dieser Politik benutzt wird, untergräbt jeden Begriff von fundamentalen Verfassungsrechten, indem sie eine Hierarchie der Rechte ebenso leugnet wie die Möglichkeit eines fundamentalen Konflikts zwischen einzelnen Rechten, wie z. B. dem Recht auf Leben und dem „Recht" auf Abtreibung.

Lösungen?

Nach den Normen des Verfassungsstaates zu urteilen – das heißt also unter Berücksichtigung der Tatsache, daß fundamentale Normen in der Verfassung verankert sind –, ist die gegenwärtige demokratische Praxis höchst problematisch. Ich rede ausdrücklich nur von der Praxis, weil ja die Institutionen der freiheitlichen Demokratie an sich unverändert sind. Es wird einfach nur das Mehrheitsprinzip zum Eckstein der Demokratie erhoben und dabei zweckmäßigerweise übersehen, welche verfassungsmäßigen Grenzen der Ausübung dieses Prinzips gesetzt sind.

Darüber hinaus gibt es keine gemeinsamen Werte oder Normen mehr. Natürlich ist die zentrale Grundannahme des in normativen Fragen neutralen Staates immer schon eine Fiktion gewesen. Die Staaten handeln in den meisten Fällen nach Normen, wenn sie moderne Wohlfahrtsstaaten sind: Sie vermitteln Schülern in ihrem Schulsystem staatliche und gesellschaftliche Normen und sie bestimmen über die finanzielle Umverteilung, Gesundheit und Außenpolitik gemäß moralischen und damit normativen Positionen.

Die Grundannahme, daß Toleranz das Kennzeichen des modernen Staates sei, ist ebenfalls nur eine Fiktion. Diese Toleranz wird schließlich nur sehr selektiv angewendet. Wenn es um das Beenden eines Menschenlebens bei Abtreibung oder Euthanasie geht, wird nicht die folgerichtige ethische Frage gestellt, wann es gerechtfertigt ist, einem Menschen das Leben zu nehmen. Hier hat der Staat keinen normativen Standpunkt, auch wenn seine Verfassung explizit aussagt, daß es ein Recht auf Leben gibt. In diesen Fällen meidet man die normative Diskussion ganz und gar und wählt eine Kombination aus Pragmatismus („Es besteht eine Notwendigkeit für Abtreibungen, denn sie kommen andauernd vor") und einer selektiven Rechtsspache („Da es eine Mehrheit für Abtreibung gibt, gibt es auch ein Recht auf Abtreibung"). Daß es eine große Täuschung ist, aus empirischen Daten allein auf ein Recht zu schließen, steht zwar klar vor Augen, wird aber kaum zur Kenntnis genommen.

Hier befinden wir uns im Kern des Problems der Demokratie und des totalen Werterelativismus. Beide können nicht sinnvollerweise nebeneinander existieren. Demokratien, denen keine fundamentalen Normen zugrunde liegen, die den politischen Prozeß steuern, sind irgendwann nicht mehr funktionsfähig. Oben habe ich die institutionellen Brüche innerhalb der freiheitlichen Demokratie und die heutigen Mißbräuche dieses Systems aufgezeigt.

Das Hauptproblem hat jedoch nichts mit den Institutionen zu tun; es ist ethischer Art. „Werte" werden für subjektiv gehalten: „Ich akzeptiere Abtreibung – du dagegen nicht" – unsere Wertvorstellungen differieren. „Ich akzeptiere Euthanasie – du nicht." Wiederum nur eine Frage unterschiedlicher Präferenzen. „Ich akzeptiere Völkermord – du nicht ...".

Würden wir die letzte Aussage auch durchgehen lassen? Nein, hier regt sich allgemeine Abscheu vor dem Töten aus ethnischen Motiven. Daran zeigen sich zwei Dinge: erstens, daß die Öffentlichkeit widersprüchlich denkt, wenn es um das Töten eines Menschen geht, weil nicht nach ethischen Prinzipien gefragt wird; zweitens, daß doch noch bei den meisten eine gesunde Reaktion festzustellen ist, wenn es um Völkermord geht. Diesen zu verurteilen, werden die allermeisten Menschen nicht zögern. Doch wenn Werte wirklich nichts weiter sind als subjektive Präferenzen, müßten sie eigentlich sagen: „Ich für mein Teil verabscheue Völkermord, doch wenn du dafür bist, dann hast du einfach nur andere Präferenzen als ich."

Es muß also doch einen kleinen Rest einer universellen Moral in den Menschen geben. Wir reagieren ablehnend auf Diktaturen und nennen sie ungerecht; somit besitzen wir noch einen Begriff davon, was gerecht ist. Gerechtigkeit ist die Grundlage jeder rechtmäßigen Regierung in der klassischen Tradition und Gerechtigkeit erfordert Prinzipien. „Wann ist das Töten eines Menschen gerechtfertigt?" In der Tradition lautet die Antwort: „In Notwehr."

Der heutige Bruch im ethischen Diskurs steht im Gegensatz zu der reichen naturrechtlichen Tradition Europas, die von Aristoteles begründet, von Thomas von Aquin wiederentdeckt und von diesem sowie anderen christlichen Denkern weiterentwickelt worden ist. Sie verschwand, als in der Zeit Machiavellis die Sprache der „Staatsraison" triumphierte. Seitdem dachte man nicht mehr nach über das Verhältnis von Recht und Macht, sondern nur noch darüber, wie Macht zu erlangen und zu halten sei. Der Begriff der Gerechtigkeit als der rechten Ordnung des Gemeinwesens wurde obsolet.

Ich behaupte: Nur ein Menschenbild, das von der absoluten Würde des Menschen – und zwar jedes einzelnen Menschen – ausgeht, kann uns davor bewahren, mit Personen rein nach Nützlichkeitserwägungen zu verfahren. Das Problem ist jedoch: Wie soll man die Würde des Menschen allen Mitgliedern einer Gesellschaft deutlich machen, wo der Begriff der Würde längst keine Bedeutung mehr besitzt, und wo Nietzsches Umwertung aller Werte der Ausgangspunkt aller Argumentation ist. In akademischen Kreisen des Westens ist es heutzutage kaum noch möglich, von einer universellen menschlichen Natur und mithin von universellen Normen zu reden. Ist dies jedoch nicht möglich, fällt das gesamte westliche Gedankengebäude über Gerechtigkeit in sich zusammen.

Politische Aufgaben der Frauen

Wie konnte Abtreibung zu einem politischen, ja sogar zu einem Menschenrecht werden? Wie konnte Abtreibung zudem zu einem exklusiven Frauenrecht werden, von dem die Männer ausgeschlossen sind?
Es ist jetzt höchste Zeit, daß sich Frauen diesen Fragen stellen und darüber diskutieren. Erstens: Sollte es akzeptabel sein, einem Ungeborenen das Leben zu nehmen, dann müßte es dazu auch einen Grund geben. Diesen Grund gibt es aber nicht. Niemand behauptet, die Ungeborenen müßten beseitigt werden, weil sie ungeboren sind oder krank oder das falsche Geschlecht haben. Niemand rechtfertigt die Abtreibung aufgrund irgendwelcher Prinzipien. Auch gibt es nirgendwo das Argument, das ungeborene Kind sei so schwach, daß es notwendigerweise sterben müsse – was ja der allgemeinen Ansicht entspräche, daß nur die Tüchtigsten und Kräftigsten am Leben bleiben können. Doch wenn wir in der Sprache des Rechts sprechen, dann müssen wir uns auch einer auf Prinzipien beruhenden Gedankenführung bedienen; das heißt, diese muß allgemeiner Art sein und auf alle Menschen anwendbar.

In Wahrheit findet sich in der ganzen öffentlichen Debatte kein einziges Argument pro Abtreibung, das über die Aussage, Frauen müßten selbst über ihren Körper entscheiden, hinausginge; daß damit auch bei aller Phantasie nicht im geringsten der Körper des ungeborenen Kindes mitgemeint sein kann, wissen wir mittlerweile. Je weiter die Medizintechnik voranschreitet, die uns den ausgebildeten Körper eines drei Monate alten Fötus vor Augen führt (bis zu diesem Alter darf gemeinhin abgetrieben werden), desto weniger ist es noch möglich, dieses Argument für die Abtreibung anzuführen. Wir müssen heute offen über diese Tatsache sprechen, und die Frauen sind die ersten, die dies tun müssen. Die Männer sind dazu noch nicht in der Lage.

Die Männer wurden zu einem frühen Stadium aus der Abtreibungsdebatte herausgehalten – und haben bis heute nicht zurückgefunden. Obwohl es ihre Kinder sind, die abgetrieben werden, dürfen sie sich an der Entscheidung nicht beteiligen. Daraus ergibt sich eine weitere Frage, nämlich die nach den Vorrechten der Frauen auf diesem Gebiet. Mit welcher Begründung darf man Männer aus diesem Entscheidungsprozeß heraushalten?

Abgesehen von dem gebetsmühlenartig wiederholten Satz, daß Frauen selbst über ihren Körper zu bestimmen hätten, wird kein Grund genannt. Gehen wir aber davon aus, daß ein Fötus nicht bloß ein Teil des Körpers der Mutter ist, dann müssen wir auch anerkennen, daß beide Eltern über sein Schicksal entscheiden, sofern Abtreibung legal ist. Diese Frage wird von Frauen jedoch so gut wie nie gestellt. Männer, die sie zu stellen wagen, werden schnell zum Schweigen gebracht.

Was für eine Art von Demokratie ergibt sich daraus? Oben habe ich ausgeführt, daß die Legalisierung der Abtreibung den Anfang vom Ende der freiheitlichen Demokratie markiert, denn seither wird das menschliche Leben nicht mehr aufgrund von Prinzipien verteidigt, sondern der Weg frei gemacht zur Euthanasie und zu anderen Arten des Tötens unter dem Druck von Interessengruppen.

Was sich seit der Legalisierung der Abtreibung auf diesem Feld entwickelt hat, kann man nur zutiefst bedauern. Dadurch, daß der Zugang zur Abtreibung so erleichtert worden ist, stellt Abtreibung für die Schwangere in verzweifelter Lage nicht mehr die allerletzte Möglichkeit dar, sondern wird zur Standardlösung nach einer fehlgeschlagenen Verhütung. Man kann sich Abtreibung in Form einer Pille verschreiben oder, wie eine britische Klinik angeboten hat, in der Mittagspause durchführen lassen. Der Akt des Tötens wird hier mittlerweile total verschleiert und trivialisiert. Diese Entwicklung ist nicht im Interesse der Frauen, wenn man die

Nachwirkungen einer Abtreibung – Trauer um das verlorene Kind und der Schock über die frühere Tat – betrachtet.
Als Mutter bin ich wirklich entsetzt darüber, daß meine Töchter in der Schule oder im öffentlichen Gesundheitsdienst solche leichtsinnigen Halbwahrheiten lernen sollen, die meinen Überzeugungen total entgegenstehen. Doch warum sollen wir Mütter es hinnehmen, daß in der Gesellschaft sowohl Sex als auch Abtreibung immer mehr trivialisiert werden? Wir, die wir es besser wissen, müssen handeln, damit diese Sicht des Lebens sich ändert.

Die Trivialisierung des Tötens ist die schlimmste Bedrohung für unsere heutige Zivilisation. Abtreibung ist der erste Schritt, Euthanasie der nächste.

Wir Frauen haben uns dafür entschieden, hierfür Verantwortung zu übernehmen. Das heißt: Wir sind auch dafür verantwortlich, daß dieses Thema wieder auf die politische Agenda kommt. Junge Leute, aber auch die älteren, müssen in der Lage und reif genug sein, mit ihrem Geschlechtsleben verantwortungsbewußt umzugehen. Wissen wir denn im Grunde nicht alle, daß die Trivialisierung der Sexualität das Hauptproblem bei alldem ist, und daß Sex in dieser Form unmenschlich ist?
Die Abtreibung führt zur Trivialisierung des gesamten menschlichen Lebens, wie ich oben dargelegt habe. Unser Blick für die Schwachheit anderer wird vernebelt. Wenn wir aber den Gedanken an die Unschuldigen und wirklich Schwachen – diejenigen, die wir abtreiben – aus unseren Köpfen verbannen, dann verschließen wir uns auch gegen diejenigen um uns herum, die krank, arm, alt oder behindert sind. Mittlerweile ist es schon ein Standardvorgang, Föten, die krank sind, ganz früh oder auch noch kurz vor der Geburt abzutreiben. Kinder mit Down-Syndrom und anderen Behinderungen werden wahrscheinlich bald gar nicht mehr zur Welt kommen.
Das Paradox, daß ausgerechnet Frauen die Abtreibung zum Markenzeichen ihrer „Befreiung“ gemacht haben, liegt gerade hierin: Sie machen damit ihr natürlichstes Vorrecht, nämlich Mutter sein zu dürfen, zunichte. Von Natur aus, so glaube ich, sind die Frauen am besten dazu in der Lage, Mitgefühl mit den Schwachen, vor al-

lem mit den Kindern zu haben. Meist sind es doch die Frauen, die sich um andere in der Familie oder im Alltagsleben kümmern und die allen Beziehungen ein menschliches Gesicht zu geben vermögen. Frauen sind am meisten aufgebracht, wenn Kindern Unrecht angetan wird, sei es durch sexuelle Ausbeutung oder durch Kinderarbeit. Doch wie können wir dann gleichzeitig die Abtreibung als einen Fortschritt für uns ansehen?

Mein Urteil über meine eigenen Geschlechtsgenossinnen mag sehr hart scheinen. Doch hoffe ich, sie werden ernsthaft einmal darüber nachdenken. Ich finde, daß wir Frauen jetzt endlich eine verantwortungsvollere Haltung gegenüber dem politischen Problem der Abtreibung einnehmen müssen, denn wir sind nach wie vor – um der unschuldigen Kinder willen und um des Überlebens der Demokratie willen – verantwortlich dafür.

Doch möchte ich zu einem positiven Schluß kommen und darauf hinweisen, welche Gaben wir Frauen besitzen, um die Gesellschaft menschlicher zu machen. Darum geht es im letzten Kapitel dieses Buches, wenn ich darlege, daß wir Frauen die politische Sphäre durchdringen müssen, um diese menschlicher zu gestalten. Das ist ein hoher Anspruch, denn jede Andeutung, daß wir Frauen andere Fähigkeiten haben als die Männer, läuft Gefahr, lächerlich gemacht zu werden. Doch ich bin trotzdem überzeugt, daß wir es schaffen können – und schließlich sind wir schon öfter lächerlich gemacht worden ...

Kapitel VIII

Die besondere Aufgabe der Frauen in Zeiten des Umbruchs ist es, sicherzustellen, daß die natürlichen Elemente einer Gesellschaft nicht übersehen werden – die Menschen.

Sigrid Undset,
Et Kvinnesynspunkt, Oslo 1919

Politik

Politik – *was machen Frauen anders?*

Vor einigen Jahren, während eines Abendessens beim deutschen Botschafter in Oslo, erhielt ich einen dringenden Anruf. Am anderen Ende der Leitung war der damalige neue Außenminister von Norwegen. Er fragte mich, ob ich seine Staatssekretärin werden würde, also Vize-Außenministerin von Norwegen. Fast hätte ich auf der Stelle nein gesagt, denn ich dachte daran, wie hart es sein würde, diese Arbeit mit meinen Aufgaben als Mutter von vier kleinen Kindern in Einklang zu bringen. Andererseits freute ich mich über die Gelegenheit, endlich einmal direkt etwas für die Ziele tun zu können, die mir wichtig sind, auch im Hinblick auf die Frauen. Und für eine Politikwissenschaftlerin bedeutet aktive Politik soviel wie die Arbeit als Arzt für einen Mediziner, der sein Fach bis dahin nur in der Theorie studiert hat.

Wie Aristoteles, der größte Politikwissenschaftler aller Zeiten, betont hat: Politik ist die höchste praktische Wissenschaft. Der Akzent liegt auf der Tat, nachdem die Analyse vollzogen ist. In meiner akademischen Arbeit hatte ich mich nur mit letzterem befaßt, mit der Analyse, doch immer schon hatte ich auch einmal aktiv politisch handeln wollen. Jetzt war meine Chance da, und ich war gut vorbereitet, denn ich hatte soeben eine Professur für internationale Politik an der Universität Oslo angenommen. Ich kannte nicht nur meinen Aristoteles, sondern auch meinen Machiavelli, ich wußte mich durch internationale Organisationen wie die Vereinten Nationen oder die Europäische Union hindurchzuarbeiten und hatte auch Erfahrung damit, wie man auf internationaler Ebene Druck zu machen pflegt nach dem Motto „Zuckerbrot und Peitsche".

Fast 50 Jahre in Folge war Norwegen von Sozialdemokraten regiert worden, immer nur unterbrochen von kurzlebigen bürgerlichen Koalitionen. Wir waren eine solche Koalition, eine Minderheit mit 42 von 165 Parlamentssitzen, so daß geschicktes Verhandeln zu einer unserer wichtigsten Tugenden wurde. Nie traf der alte Satz, daß Politik die Kunst des Möglichen ist, eher zu als in dieser Lage.

Die damalige Koalition bestand aus drei Parteien, von denen die christdemokratische die größte war. Bei den Wahlen im September 1997 hatte diese ihren Stimmenanteil verdoppelt, was man mit einem erhöhten Interesse an immateriellen Werten und der Suche nach gemeinsamen Grundlagen und Normen für die moderne Gesellschaft erklärte. Insbesondere junge Frauen zeigten sich stark interessiert an den Vorschlägen zur Reform der Kinderbetreuung, die den Eltern für die Erziehung zu Hause denselben Geldbetrag, den der Staat pro Kind für Betreuungseinrichtungen zahlte, in bar geben würde. Dadurch sollte eine echte Wahlfreiheit für die Eltern entstehen, die nun, solange die Kinder noch klein (zwischen einem und drei Jahren alt) wären, auf Wunsch entweder zu Hause bleiben oder einen Kindergarten in Anspruch nehmen konnten.

Als ich den Anruf des Außenministers bekam, hatte ich die Kapitel dieses Buches schon fertig – mit Ausnahme dieses letzten. Immer wieder hatte ich dafür plädiert, daß Frauen in die Politik gehen müßten, um die Prioritäten zu verändern und mehr Aufmerksamkeit auf die menschliche Person zu richten. War das wahr? Konnte ich etwas tun? Und würde es möglich sein, Mutterschaft und politische Karriere miteinander zu vereinbaren?

Ich beschloß, daß ich einwilligen würde, sofern mein Mann und meine Kinder dafür sind. Sie würden schließlich die Hauptlast zu tragen haben, wenn ich so oft abwesend sein würde; für das Außenministerium zu arbeiten, heißt schließlich häufiges Reisen und ständige Unterbrechungen des Zusammenlebens zu Hause.

Meine jüngste Tochter Sophie, die damals sieben war, sagte: „Mach es, wenn du einen Dienstboten und eine Dienstlimousine kriegst.“ (Soviel zu den sozialdemokratischen Werten.) Einen Dienstboten bekam ich nicht, doch eine sehr faszinierende Aufgabe – und eine Limousine für dienstliche Zwecke.

Außenpolitik: Noch immer eine Männerwelt

In der wichtigsten Osloer Zeitung, in der ich eine Kolumne habe, schrieb ich: „Vieles in der Außenpolitik ist wie Hausarbeit. Man merkt sie nur, wenn sie nicht getan wird, und große Schlagzeilen wie mit Geschossen und Kanonen lassen sich nicht damit machen." Diese Aussage wurde sehr wohl verstanden – und ihre Wahrheit zeigt sich immer mehr.

Außenpolitik ist jedoch, von ein paar Ausnahmen abgesehen, immer noch eine männliche Domäne. Es gibt nur wenige Botschafterinnen und Spitzenbeamtinnen, auch in Skandinavien. Der Trend wandelt sich in positiver Richtung, aber nur sehr langsam. Vieles hängt mit der hohen Mobilität zusammen, die diese Arbeit erfordert, und mit den Schwierigkeiten, mobil zu sein, wenn der Ehepartner das nicht unterstützt. Zu der Zeit, als ich in die aktive Politik ging, kam mir eine neue Auflistung aus dem diplomatischen Dienst unter die Augen, wonach Schweden nur acht Botschafterinnen hatte, die alle entweder geschieden oder ledig waren; Norwegen hatte fünf oder sechs, und unter allen UN-Botschafterinnen waren nur acht Frauen. Das sind keine sehr großen Zahlen.

Noch weniger Frauen gibt es unter den echten Außenpolitikern. Die weiblichen Außenminister dieser Welt kann man wahrscheinlich an den Fingern einer Hand abzählen. Politikerinnen finden sich gewöhnlich auf den Gebieten Soziales und Familie – nicht in den sogenannten „harten" Themenbereichen: Äußeres oder Verteidigung. Das ist noch mehr der Fall, wenn wir uns Länder ansehen, die nicht zum entwickelten Westen gehören, mit denen ich mich aber am meisten zu beschäftigen hatte. Hier sind Frauen als politische Entscheidungsträger geradezu Ausnahmeerscheinungen. Doch sie sollten diese Felder betreten – und die Männer sollten sich umgekehrt um Sozial- und Familienpolitik kümmern. Das geht sie genauso an wie uns.

Ich habe an vielen Sitzungen teilgenommen, wo die altertümlichen Diskriminierungsmuster offenkundig waren. Einmal kam eine Delegation aus einer der früheren Sowjetrepubliken zu Besuch. Es war eine sehr förmliche Angelegenheit: die norwegische

Delegation auf der einen Seite des riesigen Tisches, die Gäste auf der anderen. Ich saß in der Mitte zusammen mit unserem Botschafter und dem Dolmetscher. Die Gastdelegation bestand aus lauter Männern mit gedrungener, untersetzter Statur. Ihr Chef gab eine lange Erklärung auf russisch ab. Die Übersetzung verriet uns dann, daß er dem Staat Norwegen dazu gratulierte, eine so gutaussehende Staatssekretärin zu haben, und daß er sich noch weiter über mein Aussehen verbreitete. Was der russische Dolmetscher sagte, hörte sich wirklich komisch an: die ernste Atmosphäre und dann so ein albernes Thema. Ich erwiderte sehr feierlich, ich müsse wohl dankbar sein für ein solches Kompliment, da ich ja gerade 40 geworden bin. Auch das wurde würdevoll ins Russische übersetzt. Doch der Chef der anderen Delegation beharrte felsenfest: „Nein, das ist keineswegs ein Kompliment! Es ist wirklich wahr!" Mein Botschafter lehnte sich zu mir hinüber und flüsterte: „Seien Sie nett zu ihm." Und so legte ich vollendete Diplomatie an den Tag.

Eine andere Gelegenheit ergab sich, als eine nur aus Männern bestehende Delegation aus Afrika anreiste und der verantwortliche Minister sich über mein Kleid ausließ. Nie würde ich Kommentare über seinen Anzug machen oder darüber, wie ein Kollege aussieht oder sich anzieht. Ich erwarte, daß ich professionell ebenbürtig behandelt werde, nicht als Objekt. Wer in einer geschäftlichen Sitzung über das Aussehen oder die Kleidung eines anderen redet, zeigt keine wirkliche Achtung. Auch bei den Afrikanern verhielt ich mich diplomatisch, und mein Assistent, ein junger Mann, meinte danach, es sei alles sehr gut gegangen.

Diplomatie ist immer von der Aura eleganter Empfänge und heimlicher Verhandlungen umgeben. Männer schmieden Pläne gegeneinander oder hecken in geheimen Treffen Komplotte aus; das Schicksal ganzer Nationen wird hinter verschlossenen Türen verhandelt. Männer stellen sich bei internationalen Treffen in drohender Pose hin, während die wirkliche Macht beim Militär und bei der Wirtschaft liegt. Politiker müssen Entschlossenheit und starke Nerven zeigen, müssen zur selben Zeit hart und geschickt sein. In diese Vorstellungen passen Frauen nur selten hin-

ein, am allerwenigsten Mütter, die ein ganz bodenständiges Alltagsleben führen und dementsprechende Auffassungen von der Politik haben. Wir meinen vielmehr, Außenpolitik sei etwas ganz anderes als die prosaische Welt der inneren Angelegenheiten, eine Welt für sich mit den aufregenden Erlebnissen des Jetset. Doch das stimmt so nicht mehr.
Vieles in der Außenpolitik dreht sich heute um dieselben alltäglichen Fragen, die auch die Innenpolitik beschäftigen: Wie schafft man bessere Bedingungen für die Verwirklichung der Menschenrechte, der Bürgergesellschaft und der Demokratie? Wie lassen sich die Lebensbedingungen verbessern oder Stabilität herstellen? Auf der politischen Agenda der Staaten steht zunehmend der Aufbau eines guten Regierungssystems und einer guten Gesellschaft.
Als Nachbarn Rußlands zum Beispiel waren wir Norweger den ganzen Kalten Krieg hindurch in ständiger Sorge vor einem möglichen Krieg. Die Hauptgefahr war der feindliche Angriff. Heute sind die Hauptgefahren die Instabilität des politischen Systems, die Armut und die Anarchie in Rußland und in den ehemaligen Sowjetrepubliken. Auch für das übrige Europa geht eine Bedrohung von der schwelenden Kriegsgefahr auf dem Balkan aus sowie von der damit verbundenen Instabilität, dem Überschwappen des Konflikts auf andere Länder, den Flüchtlingsströmen und den unerträglichen Beschwerden für die Menschen, am meisten für die Frauen, Kinder und Alten.

Daher sollte man annehmen, daß Außenpolitik nicht nur eine Sache der Männer sei. Doch bislang ist das weitgehend der Fall. Und immer herrscht dabei ein Stück Anarchie.
Der Unterschied zwischen Innen- und Außenpolitik liegt vielleicht in dem fortbestehenden Element der Anarchie, das eine der Grundbedingungen darstellt, mit der die Außenpolitik sich auseinanderzusetzen hat. Es gibt zwar starke Normen und international bindende Regeln, doch sobald sich einer nicht daran hält, haben wir ein großes Problem. In meiner Zeit als Staatssekretärin hatte ich mit Bosnien zu tun, wo der Aufbau einer zivilen Gesellschaft nur möglich ist, sofern die internationale Gemeinschaft eine starke Militärmacht, die SFOR, an Ort und Stelle in Bereit-

schaft hält. Die Hauptdefinition eines Staates lautet nach der politischen Theorie Max Webers, daß dieser auf seinem Territorium das Gewaltmonopol besitzt. Es gibt also eine letzte Autorität, doch eine, die sich an bestimmte Spielregeln zu halten hat; diese wiederum sind durch demokratisch beschlossene Gesetze festgelegt. Auf internationaler Ebene dagegen gibt es eine solchermaßen bindende Autorität nicht, wenngleich wir den UN-Sicherheitsrat oder völkerrechtliche Verträge haben. Doch wir haben keine Weltregierung und keine Weltpolizei. Staaten können sich auf die Prinzipien der Nichteinmischung berufen. Wir stehen also letzten Endes vor einer Art Gesetzlosigkeit in der Weltpolitik, da die politische Grundeinheit jeder einzelne Staat ist, nicht irgendeine Verfassung. Darum gehört zur internationalen Politik zuweilen der potentielle Einsatz von Gewalt.
Daher rührt meines Erachtens auch die männliche Vorherrschaft auf diesem Feld; Männer sind von dieser politischen Arena besonders fasziniert. Ich kann dies nicht auf wissenschaftliche Weise belegen; es ist nur ein Eindruck. Doch auch dort, wo internationale Politik eher akademisch behandelt wird, finden sich nur wenige Frauen.

Mutter und Politikerin: Die richtigen Prioritäten setzen

Die moderne Diplomatie verlangt nach schneller Aktion und ausgedehnter Reisetätigkeit. Für ein kleines Land wie Norwegen ist es erforderlich, daß man genau auswählt, wo man seine Ressourcen einsetzt. Die Tagesarbeit besteht selten aus Routineaufgaben; meist geht es hektisch zu, und man befindet sich in einem konstanten Ausnahmezustand, weil zu vieles zur selben Zeit passiert, und man sich ständig auf neue Situationen einzustellen hat.

Zu meiner Zeit gab es im politischen Sekretariat des Außenministeriums zwei jüngere Männer, die jeweils fünf Kinder hatten. Mehrere von uns also, die anderen Frauen eingeschlossen, hatten kleine Kinder zu Hause. Das bedeutete, daß wir versuchten, zu vernünftigen Zeiten nach Hause zu kommen, etwa am Nachmittag, und ein wenig Arbeit dorthin mitzunehmen. Es bedeutete auch, daß wir offizielle Besuche im Ausland so planen mußten, daß wir sie randvoll packen konnten mit anderer Arbeit und keine Zeit auf Reisen verloren. Der Druck in einem so harten Job, rund um die Uhr zu arbeiten, ist natürlich überwältigend. Dauernd geschehen faszinierende Dinge, die unsere Aufmerksamkeit verlangen, während andere Vorgänge ganz einfach im Auge behalten werden müssen. Zu Anfang rief dies bei mir starken Streß hervor, weil ich Angst davor hatte, Fehler zu machen, vor allem wenn ich mit irgendeiner Stellungnahme direkt im Fernsehen oder Rundfunk auf Sendung gehen mußte. Mit der Zeit aber rührte der Streß eher von der Menge der Arbeit her, die sich unablässig auftürmte. Einerseits strömten ständig neue Berichte aus all unseren diplomatischen Missionen herein, andererseits mußten wir als Eltern von kleinen Kindern auch manches Mal sagen: Stop! Wir mußten uns eine zeitliche Grenze für diese Arbeit setzen. Auch wenn wir Dokumente und Berichte mit nach Hause nahmen, fanden wir nicht immer die Zeit, sie zu lesen. Meistens war gar keine oder nur wenig Gelegenheit, abends zu Hause daran zu arbeiten.

Mir wurde die Doppelbelastung von Elternschaft und politischer Arbeit sehr intensiv in den ersten Monaten deutlich. Die starke Konzentration und auch das Wissen, daß ich voll einsatzfähig zu sein hatte, obgleich ich gar nicht alles, was eigentlich nötig war, über jede einzelne Frage wissen konnte, laugten mich physisch regelrecht aus. Das Aufgabenspektrum war weitgehend neu für mich und zudem sehr breit: die Vereinten Nationen, dann der norwegische Vorsitz in der Organisation für Sicherheit und Zusammenarbeit in Europa (OSZE), die Spannungen in Bosnien und dem Nahen Osten, unser Engagement in Friedensverhandlungen und für Menschrechte rund um den Globus. Das brachte nicht nur Reisen in diese Gegenden mit sich, sondern auch bilaterale Verhandlungen mit Regierungen unterschiedlichster Art, darunter auch Guerrilla- und Widerstandsbewegungen. Man kann ohne weiteres sagen: Es war ein durch und durch männliches Arbeitsprogramm!

Auch mußten wirksame Wege gefunden werden, auf gewisse Regime Druck auszuüben, wozu meistens eine Art „Zuckerbrot-und-Peitsche-Politik" benutzt wurde. Dabei ging es zweifellos nicht ge-

rade zu wie in einem Mädchenpensionat, hier waren Härte und strategisches Denken gefragt. Machiavellis Methoden schienen hierbei nützlicher als mein Aristoteles.
Um diese Funktion auszufüllen, mußte ich vom ersten Tag an vollen Einsatz bringen, denn ein Politiker spricht und handelt mit Autorität, im Namen seiner Regierung, und Irrtümer darf man sich nur zu einem ganz geringen Grad erlauben. Ein schwerer Fehler unterläuft sehr leicht, und wenn dann noch die Presse ständig zusieht, wird jede Unzulänglichkeit gleich weiterberichtet. In den ersten Monaten mußte ich mich deshalb darauf verlassen, daß die Journalisten von der Materie noch weniger verstanden als ich selbst. Das ging häufig gut, und ich hatte ja auch bereits einige Erfahrung im Umgang mit den Medien.
Doch alles in allem war der Anfang sehr schwer, und mir kam es so vor, als gebe es gar nichts anderes mehr als Arbeit. Meine kleine Tochter brachte es wieder einmal auf den Punkt: „Du mußt eine echte Mutter sein", sagte sie. – „Was meinst du damit?" fragte ich zurück. Sie: „Du mußt wie andere Mütter sein und mich selber zu den Geburtstagspartys bringen."
Also versuchte ich es. Jedesmal wenn ich es vergaß, erinnerte sie mich daran: „Du mußt eine echte Mutter sein!"

Eines Tages, als ich die Doppelbelastung besonders stark zu spüren bekam, sprach ich darüber mit einem Freund. Die Antwort, die ich bekam, war ein Schlag: „Leg deine Priorität auf die Kinder und halte dich daran." Er selbst hatte keine Kinder. Darum sagte ich: „Du redest in der Theorie. Du hast ja gar keine Ahnung, wovon du sprichst. Bei dir hört sich das so einfach an." Doch nach dem anfänglichen Protest stellte ich fest, daß er recht hatte. Es ist wichtig, daß man vor sich selbst und auch vor anderen ganz explizit seine Priorität klarstellt. Schließlich können wir, wenn es der Familie nicht gut geht, auch in unserem Beruf nicht gut sein. Wir müssen Wege finden, um beides miteinander zu verbinden, doch wo es Konflikte gibt, müssen wir uns auch daran erinnern, daß der grundlegende Vorrang unseren Kindern gebührt, soweit wir welche haben. Das gilt übrigens für Männer genauso.
Auf praktischer Ebene kann man sich für den Haushalt und die Kinder bezahlte Hilfe besorgen. Das ist ganz einfach nötig; ich

selbst gebe einen großen Teil meines Einkommens dafür aus. Die tägliche Hausarbeit muß weitergehen – sowohl für die Kinder als auch für mich. Ich kann nicht alles selber machen. Die Prioritäten jedoch müssen klar sein, sonst wird wirklich alles zum Streß. Ich muß genau merken, wann ich von meiner Priorität abweiche und wann ich ihr folge. Es gibt Fälle, wo es wirklich nötig ist abzuweichen und man dies auch ganz klar feststellen kann; in anderen geht das nicht.

Worum es mir geht, ist folgendes: Wenn man keine solche Priorität hat, wird man immerzu hin- und hergerissen sein. Man wird unentschlossen und infolgedessen auch gestreßt sein. Darum ist es wirklich wichtig, Prioritäten zu setzen, aber auch zu wissen, daß man ihnen nicht immer in gleichem Maße folgen wird. Man muß stark und entschlossen genug sein, selbst zu entscheiden – trotz allem, was gute Ratgeber einem sagen. Die von mir beschriebene Art von Beruf – jeder politische Beruf und eigentlich fast jede andere höhere Position – kann einen Menschen komplett in Beschlag nehmen; so ist es nun mal. Die Arbeit hört niemals auf, doch wir selbst – jeder und jede einzelne von uns – sind es, die die Grenzen setzen und darüber entscheiden, was wir mit unserer Zeit machen.

Die Zeit richtig einteilen

Frauen in meiner Situation lernen ihre Zeit allerdings zunehmend effektiver einzusetzen, finde ich. Einmal war ich bei einer Elternversammlung an der Schule meiner Kinder. Viele der Mütter dort schienen dafür alle Zeit der Welt zu haben und das Ganze eher als eine gesellschaftliche Veranstaltung anzusehen. Ich hätte schreien können. Ich war gekommen, um mich über das schulische Fortkommen meiner Kinder zielgerichtet zu informieren, nicht um ein Plauderstündchen abzuhalten. Ich war wütend auf die anderen Frauen, weil sie meine und ihre eigene Zeit verschwendeten. Ich fragte mich: Warum sind wir Frauen oft so unstrukturiert und so undiszipliniert? Das ist, glaube ich, ein sehr stichhaltiger Punkt – auch wenn viele Frauen darüber empört sein werden, daß ich meine eigenen Geschlechtsgenossinnen angreife.

Ein Thema, um das wir uns effektiver kümmern müssen, ist Zeit. Bei den meisten unserer täglichen Routineverrichtungen wird eine Menge davon verschwendet. Als ich in die Politik gegangen war, fand ich mich in einer Situation wieder, in der ich unablässig für alles, was zu tun war, zu wenig Zeit hatte. Jede einzelne meiner Aufgaben hätte all meine Zeit aufgefressen, wenn ich das zugelassen hätte. Es war eine echte Versuchung, noch bis spät abends im Büro zu bleiben – doch das war unmöglich. Ich dehnte meine Arbeitszeit mehr als normal aus, doch meine Priorität war unverrückbar. Das hieß, daß ich gut und ergebnisorientiert arbeiten mußte. Ein paar Tricks halfen mir allmählich dabei: Konzentriere dich immer ganz auf die Aufgabe vor dir, niemals auf die vorherige oder auf die nächste! Du weißt ja sowieso nie, was als nächstes kommt. Indem ich meine ganze Aufmerksamkeit auf den gegenwärtigen Moment richtete, war es mir möglich, zielgerichtet zu arbeiten.
In meiner Heimatstadt gibt es eine Sonnenuhr, auf der steht die Inschrift: „Jede Stunde bringt Ertrag, darum nutze gut den Tag." Ich habe das zu meinem Motto gemacht. Ich habe auch gelernt zu delegieren und mich selbst jeweils nur mit dem zu belasten, was ich für diese oder jene Aufgabe benötige. Hatte ich etwa über den damaligen Konflikt in Nagorny-Karabach zu reden, dann verließ ich mich auf meine Mitarbeiter und instruierte sie dementsprechend: eine Ansprache, ein paar Diskussionspunkte und ein paar zentrale Statements. Dasselbe Verfahren war gegenüber den Medien anzuwenden. Zeit, sich Details einzuprägen, gab es nicht, doch ein Politiker kann auch gar nicht alles wissen – er sollte es auch nicht.

Es gibt aber noch einen anderen Zeitaspekt. Man redet häufig von gut verwendeter Zeit („quality time") und meint, daß Eltern, die zu viel zu tun haben, zu wenig qualitativ wertvolle Zeit mit ihren Kindern verbringen – was dann wiederum wohl als Gegensatz zu langweiliger, schlecht verbrachter Zeit gemeint ist. Das ist Unsinn. Es gibt nichts dergleichen. Ich glaube, der Terminus „quality time" wurde von irgendwelchen geschiedenen Schlauköpfen oder überarbeiteten Eltern erfunden, die damit ihr schlechtes Gewissen beruhigen wollten. Der einzige Unterschied zwischen qualitativ

hochwertiger und normaler Zeit besteht darin, ob ich geistig abwesend, gestreßt oder schlecht gelaunt bin, während ich mit meinen Kindern zusammen bin. Das ist das wahre Gegenteil von „quality time"!
Ich will damit einfach sagen: Kinder brauchen Zeit, viel Zeit mit ihren Eltern, und sie brauchen Regelmäßigkeit in den gemeinsamen Stunden und im Rhythmus der Familie. Kinder brauchen Liebe, und Liebe erfordert Zeit.

Aus meiner Sicht als Mutter mag ich es gar nicht, unterwegs zu sein und lange Abende bei offiziellen Terminen zuzubringen. Am schlimmsten an meiner Tätigkeit im Außenministerium war das Reisen. Der Abschied von den weinenden Kindern war jedesmal schrecklich. Sie waren traurig, ich genauso, und ich fragte mich jedesmal, was eigentlich der Nutzen von alldem sei und ob es wirklich einen vernünftigen Grund für meine Abwesenheit gebe. Wenn ich dann zum Flughafen fuhr, fühlte ich mich wie die schlimmste Rabenmutter auf Erden und vielleicht bin ich es sogar – auf jeden Fall bin ich keine sonderlich gute Mutter.
Meine kleine Sophie weinte immer, wenn ich wegfuhr, und betete: „Lieber Gott, mach, daß Mamas Flugzeug nicht abstürzt." Ich schwindelte ihr etwas vor und sagte, daß ich ganz schnell wieder da wäre – ungefähr sofort – oder wenigstens sehr, sehr bald. Marie-Astrid, die ein paar Jahre älter ist, wußte genau, daß ich es nicht mag, wenn sie alle dastehen und weinen, weil ich ja genauso traurig bin, und so versuchte sie, nicht zu weinen und sagte mit kühler Vernunft: „Ist schon okay." Wenn ich dann tatsächlich zur Tür hinausging, konnte auch sie ihre Tränen nicht zurückhalten, doch sogar dafür entschuldigte sie sich. Es war einfach grausam – und alles nur, weil ich mich entschieden hatte, für einen Beruf so viel zu reisen und zu arbeiten. Eine Lösung dafür sehe ich bis heute nicht – es ist jedesmal aufs neue schrecklich für uns alle.
Ich versuche aber, so kurz wie möglich von zu Hause abwesend zu sein. Ich vermeide alle unnötigen Reisen. Doch als hochrangige Mitarbeiterin des Außenministeriums konnte ich natürlich nicht die ganze Zeit über nur am Schreibtisch sitzen, wenn ich wirklich politisch etwas bewegen wollte. Das Reisen gehört einfach untrennbar dazu. Und es gibt keine Lösung für dieses Dilemma.

Das einzig Gute daran ist vielleicht dies: Ich vermisse die Familie so sehr, wenn ich unterwegs bin, und sie vermissen mich, so daß wir immer sehr glücklich sind, sobald wir uns wiederhaben. Im Hinblick auf die vielen Reisen, die Männer aus beruflichen Gründen unternehmen, bin ich allerdings sicher, daß viele davon entbehrlich wären, wenn Männer sich genauso viele Gedanken wie wir Frauen über ihre häufige Abwesenheit machen würden.

Werte in der Weltpolitik

Können Frauen nun aber in der internationalen Politik wirklich einen Unterschied machen? Welche Werte hat zum Beispiel meine Regierung zu fördern versucht – und sind dies explizit weibliche Werte?

Unser Regierungsprogramm zielte gegen ein instrumentalistisches und pragmatisches Menschenbild. „Viele der größten Herausforderungen von heute", so hieß es darin, „hängen mit immateriellen menschlichen Bedürfnissen zusammen. Wir weisen eine Sicht des Menschen zurück, die diesen nur als Wesen mit materiellen Bedürfnissen oder als Teilnehmer im Marktgeschehen betrachtet. Diese Regierung kämpft gegen die neuartige Auffassung vom Menschen, die diesen rein instrumentell sieht." Des weiteren stand in dem Programm, daß Gier, zunehmender Materialismus, sexueller Mißbrauch, Gewalt, Niedergang der Familie und das Aufkommen extremistischer Jugendbewegungen Symptome des moralischen Verfalls der Gesellschaft seien.

Bisher hatten die norwegischen Christdemokraten bei Wahlen immer nur um die acht Prozent der Stimmen bekommen, doch 1997 konnten sie ihren Rückhalt bei den Wählern verdoppeln – und dies in einem Land, das fast durch und durch säkularisiert ist.

Ein großer Teil der Wähler scheint sich damals, auch wenn die Betreffenden vielfach nicht unbedingt christlich ausgerichtet waren, gegen den verbreiteten Nihilismus unserer Zeit aufgelehnt zu haben, der Zusammenbruch der Familie, Materialismus und exzessiven Individualismus mit sich gebracht hat. Natürlich sind solche Eindrücke nie ganz präzise, doch ein Großteil unseres Wahlkampfes konzentrierte sich nun mal auf immaterielle Werte. Die Regierung berief eine Wertekommission, um landesweit eine Diskussion darüber anzustoßen, welche Werte wir in unserer Gesellschaft gemeinsam haben. Die liberale Presse machte sich darüber lustig, doch wurde die Kommission zu einem großen Erfolg und genoß breite Unterstützung. Dies ist symptomatisch für die deutlich zu spürende Notwendigkeit, in der öffentlichen Sphäre auch die immateriellen Seiten des menschlichen Lebens zu berücksichtigen. Dies fällt natürlich in einem reichen Land wie unserem leichter, doch ich glaube, die Unterstützung und das Interesse an dieser Kommission in Norwegen zeigt ein umfassenderes Bedürfnis nach gemeinsamen Grundlagen und Werten an.

Allerdings gibt es hier keinen gleichgerichteten Trend. Niemals zuvor waren die Hauptfragen in der öffentlichen Debatte umstrittener. Es gibt nicht einmal Übereinstimmung über die grundlegenden Begriffe und Themen, am allerwenigsten darüber, worauf sich das Hauptaugenmerk bei den immateriellen Werten richten soll. Alle scheinen auf der Suche nach einem undefinierbaren Objekt namens „Werte", aber kaum einer ist sich klar darüber, was gesucht wird. Dies spiegelt sich sowohl in der öffentlichen und politischen Debatte, wo immer mehr zur Entscheidung anstehende Fragen ethischer Natur sind, als auch in der häufig ziellosen Suche auf spirituellem und religiösem Gebiet. Das einzig Gemeinsame ist die Suche.

Sie führt immerhin zu einem erneuerten Interesse an der menschlichen Person, an Menschenrechten und an den über das Politische hinausreichenden ethischen Fragen. Sie folgt allerdings nicht den traditionellen Begriffen von menschlicher Natur, Tugenden und Lastern und beachtet auch nicht die Trennung von Ethik und Politik. Wenige, allzu wenige der Meinungsmacher von heute besitzen in dieser Hinsicht noch einen traditionellen Bildungshintergrund; wenige scheinen überhaupt an so etwas wie ein Naturrecht zu glauben, wonach jeder Mensch aufgrund seines Menschseins in der Lage ist, gut und böse voneinander zu unterscheiden. Das ist es, was der Apostel Paulus meint, wenn er von dem Gesetz spricht, das in unser Herz geschrieben ist.

Die Würde des Menschen beinhaltet prinzipiellen Schutz und Achtung, unabhängig von allen pragmatischen Überlegungen. Der deutsche Begriff „Menschenwürde" drückt dies besonders gut aus. Jeder Mensch besitzt Würde an und für sich und hat daher das Recht, mit Achtung behandelt zu werden. Diese Sicht des Menschen schließt pragmatische Überlegungen über den Wert einer Person aus und setzt eine prinzipielle Gleichheit aller Menschen voraus, von denen jeder einzelne mit Menschenrechten wie dem Recht auf Leben sowie sozialen, ökonomischen und politischen Rechten ausgestattet ist. Diese Sicht des Menschen hat ihren Niederschlag in der Allgemeinen Erklärung der Menschenrechte von 1948 gefunden. Dahinter steht eine lange Entwicklung in der westlichen Welt, die Teil der religiösen und philosophischen Tradition Europas und anderer Teile der Welt ist. Alle Religionen gehen von denselben Grundannahmen über die Menschenwürde aus. Daher sollte man annehmen, daß sie allgemeine Anerkennung und Verbreitung gefunden hätten, nachdem der 50. Jahrestag der Menschenrechtserklärung schon einige Zeit hinter uns liegt.

Doch das ist nicht der Fall. Wenngleich die auf einem materialistischen und kollektivistischen Menschenbild basierenden Ideologien verschwunden sind, haben wir bis heute dafür keinen Ersatz in Form einer allgemeinen Übereinkunft darüber gefunden, was der Mensch ist und was seine Rechte sind. Statt dessen herrscht heute die Ansicht vor, der Mensch sei nichts weiter als ein Individuum, das das Recht hat zu tun, was ihm beliebt, sprich: das Recht auf „Selbstverwirklichung".

Das heutige „Rollenmodell" des Menschen, die Art von Persönlichkeit, die im öffentlichen und im wirtschaftlichen Leben in den Vordergrund gerückt wird, ist nicht mehr der tugendhafte Mann oder die tugendhafte Frau, sondern das von sich selbst eingenommene Individuum, das narzißtisch und pragmatisch ausgerichtet ist. Mit Narzißmus meine ich, daß die individuelle Selbsterfüllung das Hauptziel im Leben ist, und das heißt: Ich tue das, was ich will, solange dies keinem anderen unmittelbar schadet. Mit Pragmatismus meine ich, daß die öffentliche Debatte um das menschliche Leben nicht mehr auf der Grundlage von Prinzipien geführt wird, sondern anhand von Machbarkeitserwägungen.

Auch die starke Vorherrschaft der Marktkräfte und die Kommerzialisierung immer neuer Lebensbereiche haben die menschliche Person mehr und mehr zum Objekt werden lassen. Was diese Einsicht in die Entfremdung des Menschen betrifft, so hatte Marx durchaus recht. Heute überwältigt uns der Konsumdruck von allen Seiten; wir alle und ganz besonders unsere Kinder und Jugendlichen werden in allererster Linie als Konsumenten definiert. Für Religion, Kultur und Politik als autonome Sphären der Gesellschaft, in denen der Mensch sich erfüllen kann, bleibt wenig Raum. Die Politik als der Bereich, in dem das gemeinsame Wohl aller definiert und diskutiert wird, war einmal als ein bedeutsamer Ort gedacht, an dem jeder zum Staatsbürger herangebildet wurde; sie war somit ein wichtiger Teil in der Herausbildung der menschlichen Person. Seit Aristoteles gehört dies zur politischen Tradition des Westens, doch heute ist es immer weniger die Norm.
Heute hat die wirtschaftliche Sphäre, die traditionell den Haushalt und das Private umfaßte, die Macht übernommen. Durch die wirtschaftliche Globalisierung sind die Marktkräfte zweifellos in nie dagewesenem Maß gestärkt worden. Das mächtige Bündnis von modernen Medien und Markt hat den Menschen entwertet. Als Mutter habe ich jeden Tag einen Kampf auszufechten, um meinen Kindern eine andere Sicht der menschlichen Person beizubringen als die Konsumentenrolle, die vom Markt propagiert wird. Kinder von Eltern, die so wie wir versuchen, materiellen Besitz hintanzustellen, haben es wahrlich nicht leicht. Ich glaube aber, es ist noch viel schwerer für Kinder von weniger wohlhabenden Eltern.
Es ist kaum anzuzweifeln, daß die Medien, insbesondere das Fernsehen und die Boulevardpresse, ein Menschenbild transportieren, das von Gewalt und Selbstsucht bestimmt ist. In Kombination mit dem Konsumismus, den der Markt uns aufzwingen will, haben wir es mit sehr starken Strömungen zu tun, die gegen jede allgemein akzeptierte Anthropologie gerichtet sind.
Die politische Basis unserer norwegischen Koalitionsregierung lag daher bei der Menschenwürde und den Menschenrechten. Lassen sich diese Werte auch außenpolitisch fördern? Und können Frauen dies besonders gut?

Die neue außenpolitische Agenda: Humanitäre Politik, Aufbau der Demokratie, Menschenrechte

Viele denken, Außenpolitik habe nur die Durchsetzung nationaler Interessen territorialer oder wirtschaftlicher Art zum Ziel. Jeder suche Macht und Reichtum für sich, doch zwischen den Staaten herrsche Anarchie. Aufgabe der Staatsmänner sei es, Komplotte zu schmieden, um auf diese Weise die eigenen Interessen voranzutreiben. Dies nennt man dann oftmals Realpolitik: Die Staaten streben nach Macht und können nur existieren, wenn sie einander in Schach halten. Dahinter steht die klassische Theorie vom Gleichgewicht der Mächte.

Die heutige außenpolitische Agenda ist jedoch Veränderungen unterworfen. In Europa bedroht nicht länger die Sowjetunion die Sicherheit, sondern die Gefahr geht von Instabilität, Armut, inneren Konflikten und Umweltkatastrophen in anderen, Europa nahegelegenen Gegenden aus. Es liegt in unserem Interesse – auch wenn wir hierin wieder nur Egoisten sind –, für Stabilität, Demokratie und eine sichere Umwelt zu sorgen, und zwar sowohl in unserer unmittelbaren Umgebung als auch weltweit. Wir intervenieren in inneren Konflikten anderer Länder, indem wir Hilfe leisten, Verhandlungen aufnehmen und im äußersten Fall sogar Krieg führen. Das Prinzip der Nichteinmischung gilt nicht mehr im gleichen Sinne wie früher.

Das heute vorherrschende Konfliktmuster besteht aus Bürgerkriegen, inneren Konflikten in einzelnen Staaten. 90 Prozent aller bewaffneten Auseinandersetzungen in den letzten zehn Jahren fielen in diese Kategorie. Am meisten leidet die Zivilbevölkerung darunter, es leiden nicht die Soldaten, sondern die Alten, Schwachen, Frauen und Kinder. Die Zahl der Flüchtlinge nimmt unablässig zu, und zwar auch die der Binnenflüchtlinge.

Die Medien transportieren all dies in unsere Wohnzimmer. Wir leben in einer Welt, in der alles miteinander zusammenhängt. Wir nehmen somit an dem Leiden teil und wir versuchen, es zu lindern. Auf der Agenda stehen nicht Krieg und Frieden in unseren eigenen Ländern, sondern die Schaffung von Stabilität, Demokratie und Wohlstand um uns herum. Die Arbeit, die wir als Außenpolitiker in Regierungen oder in Nichtregierungsorganisationen für den Aufbau der Demokratie und die Sicherung des Friedens leisten, ist nach meinem Dafürhalten das deutlichste Anzeichen dafür, daß die alte Trennlinie zwischen Außen- und Innenpolitik verschwimmt.

Wir fördern die Menschenrechte zu Hause und im Ausland. Wir verwenden ein enormes Maß an Zeit, Geld und Energie darauf, in Gegenden wie Bosnien eine zivile Gesellschaft zu errichten. Darin sind wir als skandinavisches Land nicht allein – die ganze westliche Welt steht auf unserer Seite. Somit ähnelt die Außenpolitik immer mehr derjenigen zu Hause.

Oben habe ich argumentiert, warum Frauen den Alltagsgeschäften von Natur aus näher stehen als Männer: aufgrund der Kindererziehung und der Sorge um die Alten nämlich. Deswegen unterscheiden wir vielleicht nicht so scharf zwischen den Erfordernissen des Alltagslebens und denen der Politik. Wie wir alle wissen, war früher gerade in der Außenpolitik die sogenannte hohe Politik maßgebend und somit die Scheidung von Alltagsleben und Politik am allerschärfsten. Vielleicht erklärt dies, warum Frauen so lange auf diesem Feld gefehlt haben.

Doch zum Glück sind jetzt in der Weltpolitik bedeutsame Veränderungen im Gange: Veränderungen, die die Unterscheidung von nationaler und internationaler Arena immer mehr zunichte machen. Wie erwähnt, waren in den letzten zehn Jahren 90 Prozent aller bewaffneten Konflikte interner Art. Das heißt: Der herkömmliche Krieg zwischen Staaten ist untypisch geworden; statt dessen kämpfen nun einzelne Gruppen innerhalb eines Staates gegeneinander.

Zudem sind die Zivilisten, vor allem die Frauen, die Kinder und die Alten, am unmittelbarsten betroffen. Nie zuvor in der Menschheitsgeschichte waren die Kategorien der einzelnen Akteure so unklar wie heute: Militärs kämpfen gegen Zivilisten, und oft handelt es sich bei den Kämpfenden nur um paramilitärische Gruppen oder Zivilisten und somit nicht um Militärs im traditionellen Sinne des Wortes, während die staatlichen Akteure oder Regierungen in vielen Fällen auch keine Regierungen im eigentlichen Sinne sind. Heute kann man sich, wenn man Geld genug hat, eine Armee kaufen, und der Weltmarkt für leichte Waffen

und Söldnertruppen ist ungeheuer groß. In vielen Konflikten gibt es überhaupt keine Regierungspartei, keine zivile Kontrolle über die Militärs, dafür aber eine allgemeine Vermischung der kämpfenden Akteure. Bewaffnete Konflikte bestehen häufig nur aus schierer Gewalttätigkeit und Anarchie, denen Zivilisten schutzlos preisgegeben sind, wenn sie nicht gar als Konfliktparteien bekämpft werden. Humanitäre Hilfsgüter kommen vielfach gar nicht erst am Ziel an.
Das Rote Kreuz zum Beispiel berichtet über immer häufigere Verletzungen seiner traditionellen Neutralität, ebenso wie andere Nichtregierungsorganisationen. Es ist sehr gefährlich geworden, als Helfer in Kriegsgebieten zu arbeiten. In einigen Staaten Zentralasiens ist es üblich, Ausländer zu kidnappen; darin wird sogar eine Haupteinnahmequelle gesehen. 1996 wurden sechs Rotkreuzschwestern im Hospital des Roten Kreuzes in Atagi (Tschetschenien) in ihren Betten ermordet – ein gräßliches Verbrechen, das aber wahrscheinlich politisch motiviert war.

Aufgrund dieses neuen Konfliktmusters hat die Zahl der Flüchtlinge ebenso zugenommen wie die Fälle von Völkermord, bei denen Zivilisten aus ethnischen Gründen umgebracht werden. Die hohe Politik – verstanden als das althergebrachte Wechselspiel von Krieg und Frieden zwischen Staaten – ist abgelöst worden durch unübersichtliche interne Auseinandersetzungen, bei denen keine internationalen Normen mehr respektiert werden.

Außenpolitik: Kleine Schritte hin zu einem normalen Leben

Als ich vor Jahren Bosnien besuchte und mit den anderen internationalen Akteuren darüber sprach, was zu tun sei, wurde mir ganz deutlich, daß wir versuchen müssen, normalen Menschen ein normales, anständiges Leben zu ermöglichen. Wir müssen es ihnen ermöglichen, wieder in ihr Zuhause zurückzukehren, wir müssen ihre Häuser, Gärten und Schulen von Minen befreien, die Dächer reparieren und neue Fensterscheiben einsetzen, wir müssen versuchen, neue Arbeitsplätze in der jeweiligen Gegend zu

schaffen, und wir müssen ihnen ein Gefühl der Sicherheit geben, so daß sie wieder in ihre Städte zurückkehren können. Danach müssen wir ihnen helfen, wieder eine Verwaltung zu organisieren, eine freie Presse zu schaffen und somit – kurz gesagt – eine zivile Bürgergesellschaft aufzubauen, genau wie in unseren Kleinstädten, aus denen wir kommen, wie in unseren Schulen und in unseren Bürgervereinen, die uns geprägt haben.
Ist das Kleinkram? Ja, aber in positivem Sinne. Ist das Alltag? Ja, aber das Leben selbst besteht nun mal aus Alltag.

Außenpolitik sieht zunehmend genauso aus. Der Kalte Krieg in Europa ist vorbei, und wir begrüßen dessen Ende als das wichtigste und erfreulichste Ereignis im 20. Jahrhundert. Doch als Gegner des Kommunismus dürfen wir es nicht versäumen, jene Gesellschaften neu aufzubauen. Sie befinden sich, wie wir sagen, im Übergang, doch dieser zieht enorme wirtschaftliche Schwierigkeiten nach sich. Der Aufbau einer Demokratie, der unser Ziel ist, bedingt auch den Aufbau einer nachhaltigen Wirtschaftsordnung, in der nicht, wie es heute vielfach der Fall ist, der Manchesterkapitalismus regiert.
In anderen Teilen der Welt beschäftigt uns vor allem das Problem der Armut. Hier haben wir keine andere Wahl, als schnelle Hilfe zu leisten. Auch hier sind die langfristigen Ziele Entwicklung, Demokratie, Stabilität – ein gutes Leben für normale Menschen. Doch die reichen Staaten geben immer weniger dafür ab; die Lücke zwischen Arm und Reich wird größer.
Die Ziele heutiger Außenpolitik würde ich folgendermaßen zusammenfassen: Stabilität und Sicherheit, gerechte Regierung und Solidarität. Diese Ziele hängen eng miteinander zusammen. Es kann – am allerwenigsten in Europa – Sicherheit geben ohne Stabilität in Rußland, den ehemaligen Sowjetrepubliken und auf dem Balkan. Stabilität umfaßt mehr als nur die Abwesenheit von Krieg – viel, viel mehr. Dazu gehört auch, daß Zivilisten nicht im eigenen Land auf der Flucht sein müssen; daß sie in der Lage sind, sich selbst wirtschaftlich zu versorgen; daß sie – jedenfalls in absehbarer Zeit – in einem demokratischen System leben usw. Man könnte sagen: Diese Menschen sollen ein normales Leben führen – mit Familie, Beruf und Teilhabe am bürgerlichen Leben.

Stabilität setzt eine gerechte Regierung und wirtschaftliche Solidarität voraus. Ein anderer Ausdruck dafür wäre „menschliche Sicherheit“. Norwegen und die meisten anderen westlichen Länder investieren mehr und mehr von ihrer Außenpolitik und ihrem Geld in diese politischen Zielsetzungen. In Bosnien lagen all diese Aspekte der neuen außenpolitischen Agenda vor: innere Konflikte mit Fällen von Völkermord, wie sie seit dem Zweiten Weltkrieg in Europa nicht mehr vorgekommen waren, Vertreibung und Flucht in regional ungeheurem Ausmaß, Zerstörung der Landeshauptstadt, Verfolgung von Zivilisten und die Vernichtung jeglicher Basis für ausländische Investitionen, solange Stabilität und Demokratie nicht hergestellt sind.

Welche Mittel und Werkzeuge haben wir als internationale Gemeinschaft zu nutzen? Erstens: militärische Macht, um Kriege zu beenden. Zweitens: eine Kombination aus Militärmacht, viel Geld und ziviler Friedenssicherung. Wir haben schließlich den Auftrag, in einem verwüsteten Land wieder eine zivile Gesellschaft aufzubauen.

Doch die Not ist endlos. Was hat das alles für einen Sinn? Als ich den Balkan bereiste, sah ich immer dann, wenn ich mit den Menschen an Ort und Stelle zusammentraf, daß das, was wir taten, sich wirklich lohnte. Wenn wir ihre Schulen von Minen befreiten, so daß sie sie wieder eröffnen konnten, oder wenn wir ihre Häuser reparierten. Als ich das damalige norwegische SFOR-Bataillon in Modrica (serbische Teilrepublik) besuchte, erlebte ich, daß es eine der größten Freuden der Soldaten war, wenn sie Ausrüstung und Kleidung zu einem psychiatrischen Hospital in der Stadt transportieren konnten. Jede Woche kam eine Lieferung aus Norwegen, oft wurde noch etwas dazugelegt, und unsere Soldaten „adoptierten“ einige der Patienten und umgekehrt: Sie wurden Freunde fürs Leben. Was diese Menschen veränderte, das veränderte auch uns.

Dieser menschliche Faktor, der der einzige Seinsgrund für jede Art von Politik ist, machte das alles lohnenswert, auch wenn die Bedürfnisse der Menschen kaum je ganz abzudecken waren.

Die Transparenz der Situation in den meisten Staaten heute ist ein großer Schritt vorwärts. Da die Presse nahezu allgegenwärtig ist, wird es schwieriger, Mißbräuche zu vertuschen. Das bedeutet, daß auch das Prinzip der Nichteinmischung in die Angelegenheiten anderer Staaten immer weniger Gewicht hat. Interventionen werden heute eher akzeptiert, da man sich bewußt ist, daß jede Verletzung der Menschenrechte uns alle angeht. Es handelt sich um universale Interessen, die nicht an Grenzen haltmachen. Sobald die Medien über interne Kriege oder schwere Menschenrechtsverletzungen berichten, sind sich alle einig, daß dies die internationale Gemeinschaft betrifft. Das Problem ist, wie man effektiv intervenieren kann, aber nicht, ob es uns überhaupt etwas angeht.

In diesem Sinne erleben wir einen großen Fortschritt: Die Menschenrechte gehören uns allen als Menschen und nicht als Bürger dieses oder jenes Staates. Keine politische Autorität wie etwa ein Staat kann uns diese Rechte zu- oder aberkennen, sondern wir werden mit diesen Rechten geboren. Wir besitzen Menschenrechte (siehe das maßgebende Dokument der Allgemeinen Menschenrechtserklärung von 1948), weil wir alle teilhaben an derselben Menschenwürde. Daher wird es heute zunehmend international akzeptiert, daß Menschenrechtsverletzungen nicht als innere Angelegenheiten eines Landes toleriert werden dürfen. Zugleich ist es jedoch sehr schwer, effektiv einzuschreiten. Die Vereinten Nationen haben in dieser Hinsicht das einzige globale Mandat, doch auch regionale Organisationen können mit ihren Möglichkeiten einiges ausrichten. Was wir brauchen, ist selbstverständlich ein UN-Mandat und dazu Kapazitäten innerhalb der UN, um effektiv zu intervenieren, wo immer Menschenrechte mit Füßen getreten werden, sei es durch Unterdrückung oder durch Krieg. Der Internationale Gerichtshof in Den Haag ist ein vorzügliches Beispiel für eine globale Institution, die noch große Bedeutung erlangen wird.

Die Verweiblichung der Weltpolitik

Was aber hat all dies mit Frauen und Politik zu tun? Ich glaube, der gezeigte Trend ist auf vielerlei Weise bedeutsam für uns Frauen:

Erstens sind Frauen und Kinder die Hauptopfer in den heutigen internen Konflikten der Staaten. Die meisten Flüchtlinge und Vertriebenen in der Welt sind Frauen und Kinder. Frauen und Kinder leiden unsäglich, wenn Häuser und Schulen in Kriegszeiten zurückgelassen werden müssen, und ganz allgemein, wenn aus Zivilisten Akteure und Opfer von Kampfhandlungen werden. Die ersten, die wir schützen müssen, sind darum Frauen und Kinder.

Zweitens verschiebt sich der Fokus von der sogenannten hohen Politik immer mehr hin zum alltäglichen Leben der Menschen. Wir müssen uns nicht länger um das Gleichgewicht der Mächte in Europa sorgen, sondern darum, wie wir künftige Konflikte wie etwa auf dem Balkan verhindern und die Flüchtlingsströme eindämmen können, indem wir das Leben der Menschen zu Hause sicherer machen sowie Arbeitsplätze und Demokratie in ehemals von Krieg zerrissenen Ländern wieder aufbauen. Politische Aktivität hat sich also mit dem Alltag der Zivilbevölkerung zu befassen, um deren Länder für die Demokratie sicher zu machen.

Für diese Aufgabe brauchen wir mehr Frauen. Frauen müssen an einflußreicher Stelle mitwirken und entscheiden. Auf einigen Feldern erleben wir bereits, daß es mit einem größeren Anteil von Frauen besser geht, beispielsweise bei friedenserhaltenden Operationen, wo weibliche Soldaten und Offiziere oftmals weitaus besser als die Männer mit Zivilistinnen und weiblichen Flüchtlingen zurechtkommen.
Zwischen Frauen gibt es eine Form von Einverständnis, das Männer natürlicherweise nicht haben können. Auch bei Grenzkontrollen und Personenüberprüfungen bedarf es der Frauen, um mit anderen Frauen umgehen zu können. Schließlich ist auch die Moral in einer Friedenstruppe besser, wenn es eine gewisse Anzahl weiblicher Soldaten und Offiziere gibt. Daraus läßt sich ersehen,

wie wichtig die natürlichen Unterschiede zwischen den Geschlechtern doch sind.

Noch immer aber gibt es zu wenige Frauen dort, wo über militärische Operationen entschieden wird. Dies gilt zum Beispiel für Führungspositionen bei den Vereinten Nationen und anderen internationalen Organisationen. Wir Frauen sind zu wenige, um in der Politik unsere Agenda mit Nachdruck voranbringen zu können; auch fehlen uns die entsprechenden Bewerberinnen für derartige Positionen. Es ist schwer, die Themen und Abläufe zu beeinflussen, wenn nur so wenige Frauen in den Entscheidungsprozessen mitwirken. Dies hat zu tun mit derselben Logik der Nachahmung männlicher Verhaltensmuster, die ich in bezug auf die Berufswelt bereits diskutiert habe. Solange die strukturellen Parameter der Macht von Männern festgelegt sind, werden Frauen nicht in der Lage sein, viel an der internationalen politischen Agenda zu verändern. Wir fangen jedoch langsam damit an!

Das erhoffte Resultat wird eine Entwicklung sein, welche die internationale Agenda immer mehr der innenpolitischen angleichen wird. Es geht dabei um die Herstellung von Stabilität, erforderlich sind dazu Solidarität und Hilfsmaßnahmen, damit Sicherheit und Demokratie für die Menschen Bestand haben. Auf diesen Gebieten sind wir Frauen Expertinnen.
Als ich Flüchtlinge aus dem Kosovo traf, hatte ich keine Schwierigkeiten, mit den Familienmüttern zu kommunizieren, denn ihre Sorgen waren auch meine. Als ich einmal bei einer Konferenz eine norwegische Geldspende für Tschernobyl zu übergeben hatte, hielten alle anderen Redner – ausnahmslos Männer – Ansprachen über Energie- und Umweltpolitik. Ich allein konzentrierte mich auf die Not der Kinder und Eltern. Keiner von den anderen redete davon – aber sie merkten auf.

Zusammenfassend bin ich überzeugt, daß es an der Zeit für uns Frauen ist, sowohl in der internationalen als auch in der Innenpolitik Einfluß zu nehmen. Im Inneren haben wir bereits weitaus mehr Einfluß als im Ausland, doch wir werden auch auf der internationalen Ebene gebraucht, damit die wichtigen Fragen wieder auf den Boden der irdischen Tatsachen geholt werden, wohin sie gehören. Es ist auf jeden Fall Zeit für einen Wechsel in der internationalen politischen Agenda; ich glaube, wir müssen diesen Wechsel beschleunigen. Es ist möglich, und wir müssen Wege finden, daran teilzuhaben.

Epilog: Eine Blütezeit

Dieses Buch beruht auf der Voraussetzung, daß Männer und Frauen von Natur aus unterschiedlich sind und daß sie deswegen unterschiedliche Eigenschaften und Talente haben, die sie für die Gesellschaft und Politik beisteuern können. Das ist der Grund, warum Frauen auch in den beruflichen und politischen Sphären ihre Blütezeit haben sollten und nicht allein in der privaten Sphäre der Familie, wo sie ja in gewissem Sinne zu allen Zeiten schon eine Schlüsselposition besaßen.

Ich habe mich nicht bemüht, in wissenschaftlicher Weise zu belegen, daß die angenommenen Unterschiede zwischen den Geschlechtern existieren. Ich habe es bewußt vermieden, Literatur und Theorien des Feminismus heranzuziehen, weil ich glaube, daß meine eigenen Erfahrungen sowie diejenigen der meisten normalen Menschen völlig ausreichen, um nachzuweisen, daß Frauen zwar gleichberechtigt, aber doch eben anders sind. Beobachte ich meine Kinder, stelle ich das andauernd fest: Die Jungen spielen miteinander und suchen sich die typischen Spielsachen für Jungen, die Mädchen tun ihrerseits genau dasselbe – und das, obwohl vom Alter her eher das Geschwister mit dem jeweils anderen Geschlecht passen würde.
Es gibt allerdings eine Menge wissenschaftlicher Belege dafür, daß es diese Unterschiede zwischen den Geschlechtern wirklich gibt. Das fängt an mit neurologischen Erkenntnissen über die jeweiligen Gehirnpartien, die Männer und Frauen besonders gebrauchen, und reicht bis zur Verhaltensforschung. Die Behauptung, alle Unterschiede in den Geschlechterrollen seien lediglich auf soziale Konditionierung zurückzuführen, ist wirklich ziemlich überholt. Wir alle wissen, daß sowohl die Natur als auch die Erziehung eine Rolle spielen, aber wir wissen jetzt auch, daß die

natürlichen Gegebenheiten wesentlich stärker ins Gewicht fallen, als es die Feministinnen der 70er Jahre wahrhaben wollten.

Somit ist dies kein akademisches Buch geworden, und das war auch nicht beabsichtigt. Es wird, wie ich hoffe, Debatten anstoßen und andere zum Nachdenken bringen. Ich habe einfach nur versucht, mich mit meinen eigenen Erfahrungen auseinanderzusetzen, und ich hoffe, daß dies von Nutzen sein wird für andere Frauen wie auch für Männer. Schließlich entstand die Idee dazu in einer Sauna bei 95 Grad Hitze – so darf man ruhig bei dem akademischen Anspruch dieser Abhandlung einige Abstriche machen.

In der Gegend, aus der ich stamme, dem südlichsten Zipfel Norwegens, waren es immer Frauen, die Verantwortung zu tragen hatten. Sie hatten die Familien zusammenzuhalten und mußten das gesellschaftliche und wirtschaftliche Auskommen ihrer Familien und oft auch ihrer Männer sichern. Ich erinnere mich an all die Zusammenkünfte, bei denen Frauen das Gespräch beherrschten. Während die Männer als Fischer oder Seeleute zur See fuhren, hatten sich die Frauen zu Hause um alles zu kümmern. Diese Phasen dauerten jedes Mal zwischen sechs und zwölf Monaten. Noch heute fahren die Fischer dieser Gegend jedes Jahr für drei Monate hinaus, um im Nordmeer Heringe zu fangen. Die Frauen mußten früher schon stark sein, um zu überleben, wenn die Familien groß waren und die Armut als ständige Drohung im Raum stand. Wenn es nicht anders ging, machten sie auch die Arbeit der Männer mit – vom Fischen über die Landwirtschaft bis zur Jagd. Der beste Elchjäger in Südnorwegen ist eine Bäuerin aus Laudal. Jedes Jahr ist die Elchjagd eine der Hauptmöglichkeiten, um für den Rest des Jahres Fleischvorräte zu beschaffen; es gibt in Südnorwegen sehr viele Elche. Diese Frau organisiert jedes Mal die Jagd und ist selbst noch immer die treffsicherste Schützin. Wenn sie spricht, hören alle Männer genau zu, weil sie ihr Fachwissen schätzen.

Für mich gibt es überhaupt keinen Zweifel, daß Frauen in vielerlei Hinsicht das stärkere Geschlecht sind. Wenn sie wirklich sie selbst sind, sind sie stark, da ihre Natur stark ist. Jede Nachah-

mung der Männer dagegen ist zwangsläufig unecht und führt zu Neurosen und Frustrationen statt zu Stärke. Darum ist es so wichtig, daß die Frauen auch in den neuen Einflußsphären des Berufslebens und der Politik sie selbst sein können.
Nur wenn wir unserer Natur – unserem innersten Selbst – entsprechend leben, können wir glücklich sein. Das ist der Hauptteil in der Gedankenführung dieses Buches: Der wirkliche Radikalismus besteht darin, daß wir Frauen aufhören, die Männer zu imitieren. Ich glaube, die Art, wie Frauen miteinander umgehen und kommunizieren, ist anders als bei Männern, und die meisten von uns haben das auch schon erfahren. Doch nur wenn an einem bestimmten Arbeitsplatz oder auf einem bestimmten politischen Feld mehrere Frauen sich zusammenfinden, werden sie in der Lage sein, sich in der von ihnen bevorzugten naturgemäßen Art und Weise zu verhalten. Nur dann werden die spezifischen Eigenschaften der Frauen ans Tageslicht kommen.

Manche werden sagen, dies sei stereotypes Denken ohne jedes Tatsachenfundament. Doch ich glaube, das ist falsch. Man schaue sich doch nur an, wie Frauen dort zusammenarbeiten, wo sie vorherrschen? Gibt es da etwa keine Unterschiede? Doch, ohne Zweifel.

Die Folgerung daraus ist einfach, aber bedeutsam: Wir Frauen müssen in jene Sphären vordringen, in denen wir bislang noch zu wenig Einfluß haben, um die Arbeitsprogramme und die Atmosphäre zu verändern und zu verbessern und um wirklich etwas zu bewegen. Dazu ist es nötig zu kämpfen, oftmals sogar ziemlich hart, und der Druck in Richtung Konformismus, um „einer von den Jungs“ zu werden, kann ungeheuer stark sein. Der Weg zu dem Niveau, an dem man aufblühen kann und nicht nur ums Überleben kämpfen muß, ist also alles andere als leicht.
Die andere Schlußfolgerung betrifft die Ergebnisse dieses Weges. Man mag zu Recht fragen: Sollen Frauen nur deshalb in berufliche und politische Entscheidungspositionen vordringen, weil sie bislang davon ausgeschlossen waren? Ich sage: Ja, das sollen sie, aber nicht nur, weil das ihr Recht wäre, sondern weil das auch gut ist für alle. Frauen werden die Welt verändern, wie sie es immer

schon, allerdings allzuoft hinter den Kulissen, getan haben. Unsere weiblichen Eigenschaften sollen in allen Gegenden der Welt erblühen.

Dies ist unsere Blütezeit.

Starke Frauen im

MARTHA SCHAD
Sanfte Macht
Die Frauen des Hauses Fugger
ISBN 3-929246-19-8

SIGRID-MARIA GRÖSSING
Die Heilkunst
der Philippine Welser
Außenseiterin im Hause Habsburg
ISBN 3-929246-28-7

RENATA SCHUMANN
Ein starkes Weib
Das Leben der Hedwig von Schlesien
ISBN 3-929246-13-9

Sankt Ulrich Verlag

Karl Pörnbacher
Crescentia Höß
begegnen
ISBN 3-929246-64-3

Gerd A. Treffer
Johanna von Valois
begegnen
ISBN 3-929246-50-3

Anton Schmid
Therese von Lisieux
begegnen
ISBN 3-929246-36-8

Sankt Ulrich Verlag